Alysson Siqueira

EDITORA
intersaberes

FORMAÇÃO DE CONJUNTOS ESCOLARES

O selo DIALÓGICA da Editora InterSaberes faz referência às publicações que privilegiam uma linguagem na qual o autor dialoga com o leitor por meio de recursos textuais e visuais, o que torna o conteúdo muito mais dinâmico. São livros que criam um ambiente de interação com o leitor – seu universo cultural, social e de elaboração de conhecimentos –, possibilitando um real processo de interlocução para que a comunicação se efetive.

Rua Clara Vendramin, 58 . Mossunguê
CEP 81200-170 . Curitiba . PR . Brasil
Fone: (41) 2106-4170
www.intersaberes.com
editora@editoraintersaberes.com.br

Conselho editorial
Dr. Ivo José Both (presidente)
Dr.ª Elena Godoy
Dr. Neri dos Santos
Dr. Ulf Gregor Baranow

Editora-chefe
Lindsay Azambuja

Gerente editorial
Ariadne Nunes Wenger

Assistente editorial
Daniela Viroli Pereira Pinto

Preparação de originais
Palavra Arteira Edição e Revisão de Textos

Edição de texto
Guilherme Conde Moura Pereira
Mille Foglie Soluções Editoriais

Capa e projeto gráfico
Charles L. da Silva
Tatyana Vyc/Shutterstock
(imagem de capa)

Diagramação
Andreia Rasmussen

Equipe de *design*
Débora Gipiela
Charles L. da Silva

Iconografia
Regina Claudia Cruz Prestes

Dados Internacionais de Catalogação na Publicação (CIP)
(Câmara Brasileira do Livro, SP, Brasil)

Siqueira, Alysson
  Formação de conjuntos escolares/Alysson Siqueira. Curitiba: InterSaberes, 2021. (Série Educando para a Música)

  Bibliografia.
  ISBN 978-65-5517-748-0

  1. Bandas (Música) 2. Educação musical 3. Música - Estudo e ensino 4. Música - Teoria I. Título. II. Série.

20-40790   CDD-780.7

Índices para catálogo sistemático:
  1. Educação musical 780.7
        Cibele Maria Dias – Bibliotecária – CRB-8/9427

1ª edição, 2021.
Foi feito o depósito legal.
Informamos que é de inteira responsabilidade do autor a emissão de conceitos.
Nenhuma parte desta publicação poderá ser reproduzida por qualquer meio ou forma sem a prévia autorização da Editora InterSaberes.
A violação dos direitos autorais é crime estabelecido na Lei n. 9.610/1998 e punido pelo art. 184 do Código Penal.

SUMÁRIO

6   O espetáculo vai começar
9   Como aproveitar ao máximo este livro

Capítulo 1
13 Aspectos da música na educação básica

14 1.1 História da música na educação básica
25 1.2 Importância cognitiva da música na educação básica
30 1.3 Formação de professores de Música para a educação básica
34 1.4 Organização dos conjuntos musicais escolares
43 1.5 Música e cidadania

Capítulo 2
53 Leitura musical

54 2.1 Cifras e tablatura
64 2.2 Notas e claves
68 2.3 Figuras de duração e compasso
77 2.4 Tonalidade
82 2.5 Simbologia musical

Capítulo 3
94 Repertório musical e domínio público

- 95   3.1 Repertório de diferentes épocas, gêneros e estilos
- 98   3.2 Repertório infantil
- 101 3.3 Cantigas de roda
- 105 3.4 Domínio público
- 110 3.5 Compositores nacionais com obras de domínio público

Capítulo 4
118 Conjuntos vocais

- 120 4.1 Técnica vocal
- 123 4.2 Música *a capella*
- 126 4.3 Tessituras
- 128 4.4 Aquecimento, afinação e execução de repertório vocal
- 131 4.5 Grupos vocais brasileiros

Capítulo 5
142 Conjuntos instrumentais

- 143 5.1 Corda
- 153 5.2 Sopro
- 158 5.3 Percussão
- 166 5.4 Eletrônicos
- 170 5.5 Construção de instrumentos e luteria

Capítulo 6
179 Conjuntos mistos

180   6.1 Vozes, instrumentos e categorias etárias
185   6.2 Bandas de percussão
191   6.3 Fanfarras
196   6.4 Banda marcial e banda musical de marcha
202   6.5 Banda musical de concerto e banda sinfônica

208   Fecham-se as cortinas
211   Lista de siglas e reduções
213   Repertório
220   Obras comentadas
222   Respostas
225   Sobre o autor

O ESPETÁCULO VAI COMEÇAR

Quem dera pudéssemos ter ido ao Cine Odeon, na cidade do Rio de Janeiro, e, enquanto estivéssemos esperando para testemunhar a revolução tecnológica e artística chamada *cinema*, fôssemos presenteados com uma apresentação magistral de piano de Ernesto Nazareth.

Quão grande é a admiração que temos por um instrumento bem tocado! E se fossem dois? Ou três, ou mais? Então talvez até nos esquecêssemos do cinema e faríamos daquele saguão uma sala de concerto.

O fascínio do ser humano pelos sons musicais fez da música o que ela é hoje: uma expressão da própria humanidade, a qual perseverou porque aprendeu a usar o cérebro e a superar as adversidades em conjunto.

Sim, um de nossos trunfos é sermos seres sociais, e essa nossa natureza também se manifesta na música que fizemos, fazemos e faremos.

Ouvir música feita em conjunto pode ser uma experiência incrível, mas fazer parte de um conjunto musical é sublime, é tornar-se parte do organismo musical, deixando de ser apenas humano para ser, também, a própria música.

Quando formamos conjuntos musicais escolares, estamos oferecendo aos educandos essa oportunidade de fazer parte de um todo musical, estamos proporcionando uma experiência única que garantirá, além de memórias, benefícios em muitas áreas da vida.

Desejamos que esta obra seja como uma semente das práticas musicais no contexto escolar. E para funcionar como tal, primeiramente, detalharemos como é constituído e como se fundamenta historicamente o ambiente escolar ao qual se pretende levar práticas musicais. Ele teria sido concebido para esse fim? Será que a escola espera algo mais da música do que esta em si mesma? Essas questões serão discutidas ao longo do Capítulo 1. Além disso, investigaremos a importância cognitiva da música, não para nos contentarmos apenas com ela, mas para instrumentalizá-lo de modo que esteja preparado para propor algum projeto de conjunto musical. Também nesse capítulo explicaremos como são, ou pelo menos como deveriam ser, os professores de Música. Tendo clarificado esse cenário escolar, discutiremos quando e onde um conjunto musical pode atuar na esfera escolar e na sociedade como um todo.

No Capítulo 2, abordaremos mais detidamente aspectos teóricos da música, com sistemas de notação diferentes do convencional, como cifras e tablaturas, que podem vir a ser utilizados em formações diversas. Além disso, apresentaremos princípios básicos da leitura musical em partitura, pensando naqueles leitores que ainda não começaram seus estudos, mas precisam de um conhecimento mínimo para seguir adiante.

Em seguida, no Capítulo 3, trataremos do repertório. Em especial, discorreremos sobre o uso de músicas representativas de épocas, estilos e gêneros, assim como de músicas infantis e cantigas de roda. Nesse capítulo, também abrangeremos um assunto relevante para a escolha do repertório: o domínio público.

O Capítulo 4 será dedicado aos conjuntos vocais, abarcando desde aspectos técnicos como tessituras, técnicas vocais, cuidados com a voz e aquecimento vocal, até aspectos históricos, com referências importantes de grupos, compositores e arranjadores da música vocal brasileira.

Os grupos instrumentais serão objeto de análise no Capítulo 5. Comentaremos como se dá a formação de grupo de violões, quarteto de cordas, grupo de flautas doces, batucada de samba e banda. Ora desenvolvendo o conhecimento sobre os instrumentos, ora tratando da escrita musical, ora abordando a prática em si, forneceremos diversas informações com o objetivo de ajudar os professores a compreenderem melhor essas práticas.

Por fim, no Capítulo 6, discorreremos sobre grupos que se alinham ao movimento de bandas e fanfarras do país. Bandas de percussão, fanfarras, bandas marciais e bandas sinfônicas, além de outras formas derivadas destas, ganharão destaque como uma opção importante para a formação de conjuntos escolares.

Esse é o caminho que percorreremos, não com o objetivo de apresentar todos os passos para implantar um projeto de conjunto escolar, mas com o propósito de indicar fundamentos para discutir o que é melhor para o ambiente escolar, para delinear projetos e para alinhar as experiências de práticas em conjuntos com os anseios das escolas e dos alunos.

COMO APROVEITAR AO MÁXIMO ESTE LIVRO

Empregamos nesta obra recursos que visam enriquecer seu aprendizado, facilitar a compreensão dos conteúdos e tornar a leitura mais dinâmica. Conheça a seguir cada uma dessas ferramentas e saiba como estão distribuídas no decorrer deste livro para bem aproveitá-las.

Introdução do capítulo

Logo na abertura do capítulo, informamos os temas de estudo e os objetivos de aprendizagem que serão nele abrangidos, fazendo considerações preliminares sobre as temáticas em foco.

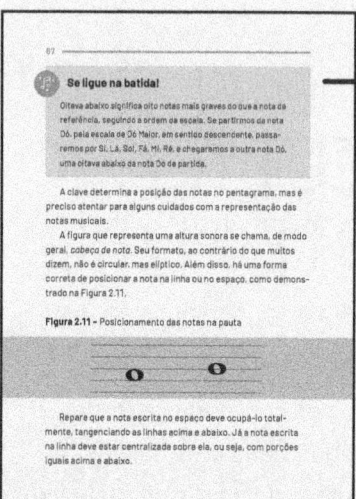

Se ligue na batida!

Nestes boxes, apresentamos informações complementares e interessantes relacionadas aos assuntos expostos no capítulo.

Audição livre

Para ampliar seu repertório e ilustrar temas de estudo em destaque, indicamos nesta seção conteúdos sonoros para apreciação, observação e fruição!

Resumo da ópera

Ao final de cada capítulo, relacionamos as principais informações nele abordadas a fim de que você avalie as conclusões a que chegou, confirmando-as ou redefinindo-as.

Teste de som

Apresentamos estas questões objetivas para que você verifique o grau de assimilação dos conceitos examinados, motivando-se a progredir em seus estudos.

Treinando o repertório

Aqui apresentamos questões que aproximam conhecimentos teóricos e práticos a fim de que você analise criticamente determinado assunto.

Obras comentadas

Nesta seção, comentamos algumas obras de referência para o estudo dos temas examinados ao longo do livro.

Capítulo 1

ASPECTOS DA MÚSICA NA EDUCAÇÃO BÁSICA

Ao propor a implantação de uma prática de conjunto em ambiente escolar, o responsável pelo projeto deve cumprir vários requisitos que conferem solidez à proposta. O proponente tem de conhecer profundamente o ambiente escolar em suas diversas dimensões: histórica, política, cultural, econômica e social. Esse perfil institucional muitas vezes pode delimitar o direcionamento da prática a ser implantada. Por essa razão, neste capítulo, traçaremos inicialmente um panorama histórico sobre a educação musical no Brasil.

Para defender um projeto, é necessário que o tutor domine os pressupostos teóricos que atestam, dos pontos de vista cognitivo e social, a importância da educação musical e da prática de música em conjunto. Por essa razão, também abordaremos essa questão, bem como discutiremos as competências e as habilidades necessárias para o condutor dessas práticas. Além disso, trataremos de outros aspectos organizacionais que as atividades musicais em conjunto demandam.

Todas essas escolhas foram feitas com o propósito de prepará-lo, leitor, a dar os primeiros passos quando precisar elaborar uma proposta de implantação de conjunto musical.

1.1 História da música na educação básica

De acordo com a Lei de Diretrizes e Bases da Educação (LDB – Lei n. 9.394, de 20 de dezembro de 1996 – Brasil, 1996), a educação básica engloba três etapas: a pré-escola, o ensino fundamental e o ensino médio. A gratuidade é garantida, por lei, para os alunos de 4 a 17 anos, sendo que essa faixa etária pode ser compreendida como a mais comum para as crianças e os adolescentes da educação básica e, ainda, como a delimitação, embora ampla, para o estudo aqui apresentado.

A Lei n. 11.769, de 18 de agosto de 2008 (Brasil, 2008), que alterou a LDB de 1996, tornou a música conteúdo obrigatório, mas não exclusivo, dentro do ensino de Artes na educação básica. Iniciou-se naquele momento uma ampla discussão sobre como operacionalizar essa nova determinação.

Contudo, esse entendimento atual sobre a educação básica e o papel da música nesse contexto é apenas um ponto avançado da história do ensino dessa arte no Brasil para crianças e jovens. A educação musical formal inicia-se, no país, com a chegada do padre Manuel da Nóbrega, em 1549, que marca a atuação da Companhia de Jesus na América portuguesa.

O principal motivo da vinda dos jesuítas para o continente americano foi a catequização dos povos indígenas. Mas, para além disso, a Companhia de Jesus auxiliou na estruturação da crescente rede de ensino, constituída de colégios e seminários, que estava em constituição na colônia à época.

> No Brasil os padres logo perceberam na música um meio eficaz de sedução e convencimento dos indígenas, e embora a Companhia de Jesus tivesse surgido em meio ao espírito austero da Contra-Reforma, e seus regulamentos fossem pouco afetos à prática musical, referências à música em cerimônias religiosas e eventos profanos, realizada sobretudo por indígenas, são encontradas em relatos desde pouco tempo depois da chegada dos jesuítas no Brasil até sua expulsão em 1759.
> (Holler, 2005, p. 1133)

Já em sua chegada, os padres perceberam que o canto e os instrumentos musicais poderiam ser utilizados como meios eficientes para a conversão religiosa indígena. Marcos Holler (2005) cita como exemplo uma carta de 1552, na qual o padre Antônio da Nóbrega registra que as crianças tiveram seus corações atraídos ao usar os cantos, os instrumentos e a própria língua para louvar a Deus.

Por outro lado, além de utilizar os elementos musicais indígenas para disseminar a mensagem bíblica, os jesuítas apresentaram a música europeia os nativos do novo continente, como informa Rita de Cássia Amato (2006, p. 146): "A música que os jesuítas trouxeram era simples e singela, as linhas puras do cantochão, cujos acentos comoveram os indígenas, que, desde a primeira missa, deixaram-se enlear por tais melodias".

Assim, adaptando a música indígena à mensagem católica e disseminando a arte europeia entre os povos nativos da América, a Companhia de Jesus, com o intuito de colonizar e catequizar, implantou, progressivamente, uma vasta rede de instituições de ensino. Ao mesmo tempo, criou longa lista de normas educacionais, as quais foram compiladas em um documento chamado *Ratio atq. Institutio Studiorum Societatis Iesu* (do latim, *Plano e organização de estudos da Companhia de Jesus*), ou simplesmente *Ratio Studiorum*. Essa proposta educacional se desenvolvia em duas partes: (1) os estudos inferiores, conhecidos também como *secundários*; e (2) os estudos superiores, divididos entre Teologia e Filosofia. Nos estudos secundários, que se destinavam à formação humanista, se incluía o ensino da Música, com a oferta de aulas de canto e de instrumentos (Bortoloti, 2003).

Embora as práticas musicais desenvolvidas pelos jesuítas na América portuguesa não tenham deixado tantos "legados, como partituras, instrumentos e representações iconográficas" (Holler, 2005, p. 1134), quanto na América espanhola, é inegável que a atuação dos padres teve papel importante na formação da identidade musical brasileira, sobretudo no tocante à música regional. Isso porque o trabalho dos jesuítas de aculturação do povo indígena resultou em uma das primeiras práticas de **sincretismo cultural**, uma característica marcante da cultura brasileira.

Se ligue na batida!

Aculturação é o processo que ocorre quando duas culturas diferentes entram em contato e se modificam em virtude das interinfluências promovidas por esse encontro.

A educação musical formal na colônia ficou sob a tutela da Companhia de Jesus até a chegada da família real, em 1808. Com a corte, os músicos da Capela Real desembarcaram no Brasil trazendo música que não se restringia às aspirações religiosas.

Para servir de palco para a música europeia de concerto, em 1813, foi iniciada a construção do Teatro São João. E, na sequência, diversos teatros surgiram. Depois da Independência do Brasil, em 1822, outras instituições importantes para o ensino da Música despontaram no país. É o caso da Escola Nacional de Belas Artes, no Rio de Janeiro, que recebeu esse nome após a Proclamação da República. Ela foi fundada em 1816 como Escola Real das Ciências, Artes e Ofícios e passou a chamar-se Academia Imperial de Belas Artes, no período imperial. Atualmente recebe o nome de Escola de Belas Artes (Amato, 2006).

Outra instituição nascida no mesmo período, em 1841, é o Conservatório de Música do Rio de Janeiro, fundado pelo compositor do Hino Nacional Brasileiro, Francisco Manuel da Silva, e que passou a servir como "padrão de todas as instituições congêneres no Brasil" (Amato, 2006, p. 147).

No século XIX, o país ganhou orquestras de música erudita e bandas militares que foram de importância significativa para o ensino musical brasileiro.

Em face dessa efervescência de escolas de música, em 1854, D. Pedro II instituiu a reforma do ensino primário e secundário. O texto de Luiz Pedreira do Coutto Ferraz, ministro do Império, contempla o ensino da música nas escolas regulares:

> Art. 47. O ensino primário nas escolas públicas compreende:
> [...] A geometria elementar, agrimensura, desenho linear, noções de música e exercícios de canto, ginástica, e um estudo mais desenvolvido do sistema de pesos e medidas, não só do município da Corte, como das províncias do Império, e das Nações com que o Brasil tem mais relações comerciais. (Brasil, 1854)

O regulamento também institui que a instrução secundária ficaria a cargo do Colégio de Pedro II, com sete anos de duração. Entre as matérias a serem lecionadas nessa fase, foram contempladas "artes de desenho, música e dança" (Brasil, 1854).

Apesar de oficializar a obrigatoriedade do ensino da música, o decreto, ao fixar as remunerações dos professores, revela uma escala na importância que se dava a cada disciplina. Somando o valor do ordenado e da gratificação, os professores de Música,

Dança, Desenho e Ginástica deviam receber 800 réis. Os professores de "Línguas Vivas" recebiam 1200 réis e os de "Línguas Mortas", Alemão e outras matérias tinham direito a 1600 réis, ou seja, o dobro de um professor de Música (Brasil, 1854).

Além da legislação nacional vigente, segundo Rita de Cássia Amato (2006, p. 147): "Na primeira república, a legislação educacional evoluiu diversamente em cada estado, fazendo com que em cada região a estrutura e o funcionamento das escolas adquirissem características muito específicas". A autora cita o exemplo de São Paulo, que atribuía significativa importância ao ensino da música, tendo inclusive a leitura musical como um dos focos.

No período imperial, havia ainda poucas escolas regulares e o ensino da música era mais disseminado por professores particulares. Nessas poucas escolas, o repertório musical era composto basicamente por cantigas infantis. A música prestava-se a outros objetivos além dos propriamente musicais, como disciplinar os alunos, transmitir valores por meio das letras das canções, e organizar o espaço e as rotinas escolares. Acima de tudo, a música servia aos interesses do Império.

Após a Proclamação da República, um novo regulamento da educação primária e secundária entrou em vigor pelo Decreto n. 981, de 8 de novembro de 1890 (Brasil, 1890). Nessa reforma, ocorreu um rompimento com os princípios humanistas constantes no período anterior e estabeleceu-se uma visão mais positivista a respeito da educação. Tal maneira de pensar fez que esse regulamento fosse muito mais específico que os anteriores a respeito do conteúdo a ser ensinado na disciplina de Música.

Nesse período, a música e seu ensino passaram a ser direcionados às elites. O repertório praticado nas escolas era composto por cânticos e coros. Além disso, a técnica musical passou a ter maior protagonismo. A ideia do modelo era perpetuar a tradição musical europeia, com o intuito de formar dentro da cultura brasileira grandes intérpretes, compositores e professores.

O ponto de inflexão subsequente nessa história tem como marco a Semana de Arte Moderna de 1922. Um sentimento nacionalista com foco na cultura tradicional tomou conta das mentes que planejavam o futuro da música brasileira. Nesse momento, formou-se uma visão mais igualitária da educação, com a valorização da escola pública obrigatória e gratuita. O papel da música nesse contexto educacional era o de contribuir para a socialização do aluno (Amato, 2006).

O ícone dessa virada musical é o compositor Heitor Villa-Lobos, que, motivado pelos ideais de Mário de Andrade, dedicou grande parte de sua obra a levar elementos da cultura tradicional do Brasil para as salas de concerto. Ao fazer isso com grande aceitação, despertou grande interesse: Villa-Lobos foi convidado para desenvolver um projeto de educação musical durante o governo de Getúlio Vargas.

> Um dos momentos mais ricos da educação musical no Brasil foi o período que compreendeu as décadas de 1930/40, quando se implantou o ensino de música nas escolas em âmbito nacional, com a criação da Superintendência de Educação Musical e Artística (SEMA) por Villa-Lobos, a qual objetivava a realização da orientação, do planejamento e do desenvolvimento do estudo da música nas escolas, em todos os níveis. (Amato, 2006, p. 151)

Por trás da importância dada à educação musical na escola regular, a Sema atuava sob os princípios da disciplina e do civismo. A proposta pedagógica que se disseminou àquela época foi o canto orfeônico. Em 1942, foi criado o Conservatório Nacional de Canto Orfeônico, cuja finalidade era a formação de professores dessa disciplina. A Reforma de Capanema, de 1942, instituiu a obrigatoriedade da matéria Música e Canto Orfeônico nas escolas dos chamados *primeiro e segundo ciclos*. Essa reforma colocou a educação numa posição de prestadora de serviço à nação – afinada com o pensamento nacionalista da época.

Se ligue na batida!

A Reforma de Capanema consistia em um conjunto de oito leis propostas pelo Ministro Gustavo Capanema a partir de 1942.

Ao lado da música tradicional, os hinos cívicos tinham protagonismo no ensino de Canto Orfeônico, estando essa prática intimamente atrelada ao objetivo de despertar o sentimento patriota, além de atuar na formação moral e cívica.

Depois da Era Vargas, a Lei n. 4.024, de 20 de dezembro de 1961, destituiu o canto orfeônico como metodologia nacional do ensino de música e, por meio da Portaria Ministerial n. 288/1962, instituiu a Educação Musical (Amato, 2006; Brasil, 1961).

Na década seguinte, conforme a Lei n. 5.692, de 11 de agosto de 1971 (Brasil, 1971), e com a posterior criação do curso de Licenciatura em Educação Artística, a disciplina de Música deixou de ser independente e passou a integrar a de Artes, com os conteúdos de Artes Plásticas, Artes Cênicas e Desenho. A disciplina Educação Artística passou a ser obrigatória no primeiro e no segundo graus e a integrar a área de comunicação e expressão.

O repertório nas escolas ficou mais restrito a hinos cívicos, pátrios e militares.

O regime militar concebia a educação como preparação do indivíduo para o mercado de trabalho, fundamentando-se nos princípios da racionalidade, da produtividade e da eficiência.

O fim desse regime, em 1985, demandava uma nova reforma. Várias tentativas foram feitas nas esferas estaduais, mas somente em 1996, com a LDB 9.394, citada no início deste capítulo, houve uma reforma consistente em âmbito nacional. Essa lei substituiu a disciplina de Educação Artística por Artes e não especificava que linguagens artísticas integrariam seu conteúdo. Além disso, também não delimitava a carga horária.

Somente com a Lei n. 11.769, a LDB 9.394/1996 foi alterada, tornando clara a inclusão da música como conteúdo obrigatório, mas não exclusivo, da disciplina de Artes. No entanto, um artigo dessa lei de 2008, que estipulava que somente profissionais com formação específica na área ministrassem o conteúdo relativo à música, foi vetado pelo então Presidente da República Luís Inácio Lula da Silva. A justificativa oficial ao veto foi a seguinte:

> [...] é necessário que se tenha muita clareza sobre o que significa "formação específica na área". Vale ressaltar que a música é uma prática social e que no Brasil existem diversos profissionais atuantes nessa área sem formação acadêmica ou oficial em música e que são reconhecidos nacionalmente. Esses profissionais estariam impossibilitados de ministrar tal conteúdo na maneira em que este dispositivo está proposto.
>
> Adicionalmente, esta exigência vai além da definição de uma diretriz curricular e estabelece, sem precedentes, uma formação específica para a transferência de um conteúdo. Note-se

que não há qualquer exigência de formação específica para Matemática, Física, Biologia etc. (Brasil, 2008)

Se, por um lado, o veto presidencial tem a justificativa de aumentar as possibilidades de angariar educadores musicais, por outro, deixou uma lacuna no que se refere à definição de qual deve ser a formação desses profissionais. E essa é apenas uma das muitas lacunas que a legislação vigente deixa no atinente à educação musical. Além disso, desde a publicação da Lei n. 11.769/2008, muitas escolas ainda não implementaram as mudanças. Algumas seguem sem os conteúdos de Música, e outras aplicam um conteúdo vago apenas para fazer constar no currículo do aluno.

Em 20 de dezembro de 2017, foi publicada a Base Nacional Comum Curricular (BNCC – Brasil, 2017), que determina alguns parâmetros para os conteúdos de Música no ensino básico. Esse documento serve de base para a reformulação dos currículos das escolas, em ação conjunta com estados e municípios. A BNCC define, para cada conteúdo, um conjunto de competências a serem trabalhadas em cada fase do desenvolvimento do indivíduo.

Do 1º ao 5º ano, a título de exemplo, a BNCC estabelece como "objetivos do conhecimento" no ensino de música: "contextos e práticas", "elementos da linguagem", "materialidades", "notação e registro musical" e "processos de criação" (Brasil, 2017, p. 202). Para esses objetivos, a BNCC aponta algumas habilidades a serem desenvolvidas, como:

> Identificar e apreciar criticamente diversas formas e gêneros de expressão musical, reconhecendo e analisando os usos

e as funções da música em diversos contextos de circulação, em especial, aqueles da vida cotidiana.

[...] Perceber e explorar os elementos constitutivos da música (altura, intensidade, timbre, melodia, ritmo etc.), por meio de jogos, brincadeiras, canções e práticas diversas de composição/criação, execução e apreciação musical.

[...] Explorar fontes sonoras diversas, como as existentes no próprio corpo (palmas, voz, percussão corporal), na natureza e em objetos cotidianos, reconhecendo os elementos constitutivos da música e as características de instrumentos musicais variados.

[...] Explorar diferentes formas de registro musical não convencional (representação gráfica de sons, partituras criativas etc.), bem como procedimentos e técnicas de registro em áudio e audiovisual, e reconhecer a notação musical convencional.

[...] Experimentar improvisações, composições e sonorização de histórias, entre outros, utilizando vozes, sons corporais e/ou instrumentos musicais convencionais ou não convencionais, de modo individual, coletivo e colaborativo. (Brasil, 2017, p. 203)

As orientações seguem o mesmo padrão para as demais fases do desenvolvimento e, embora não mencione um referencial teórico para o detalhamento dos objetivos e das habilidades propostas, a BNCC direciona o desenvolvimento dos currículos escolares.

Apesar da fragilidade da legislação vigente no que concerne à formação do educador musical, muitas escolas têm valorizado a formação do licenciado em música e contratado professores habilitados para lecionar o conteúdo. Essa posição se justifica muito mais pelo entendimento das instituições acerca do papel da música no desenvolvimento do aluno do que pelas imposições legais.

1.2 Importância cognitiva da música na educação básica

Na seção anterior, perpassando por diversos momentos históricos, demonstramos que em poucas situações o ensino de música no Brasil teve sua importância relacionada ao desenvolvimento pessoal do aluno. Ensinar disciplina, despertar o sentimento cívico e desenvolver habilidades de convívio social foram, em alguns momentos, a razão da adoção da música como conteúdo na educação básica.

A Lei n. 11.769/2008 tornou o ensino da música obrigatório dentro da disciplina de Artes e não atrelou essa determinação a qualquer outro interesse. O Poder Público estaria começando a atentar para os benefícios que a música pode oferecer para o desenvolvimento do indivíduo? Forneceremos aqui mais subsídios para essa visão, evidenciando a importância da música para a cognição do aluno da educação básica.

Segundo Sloboda (2008), Gardner e Wolf, ao associarem premissas de Piaget e Chomsky, formulam um entendimento pertinente sobre o desenvolvimento cognitivo da criança.

> [Gardner e Wolf] argumentam que o desenvolvimento humano é caracterizado complementarmente por **correntes** independentes de aquisição de habilidades específicas, possivelmente baseadas em mecanismos biológicos, especialmente determinados, e **ondas de simbolização** comuns, nas quais uma realização nova em uma corrente 'vaza' para correntes aparentemente não relacionadas. (Sloboda, 2008, p. 258, grifo nosso)

Em outras palavras, as habilidades cognitivas básicas desenvolvidas por meio da música podem alimentar outras áreas do conhecimento. A questão que se segue é: Quais são essas habilidades e quais suas consequências para a cognição geral?

Desde muito cedo, ainda no útero materno, a criança responde a estímulos sonoros. Depois do nascimento, o universo sonoro abre-se completamente, e o som, que antes se propagava por meio do líquido amniótico, passa a ser conduzido aos ouvidos pelo ar, ganhando uma nova gama de frequências perceptíveis, ou seja, uma nova equalização. Essas novas experiências sonoras ajudam a tecer redes neurais para a linguagem musical desde os primeiros estímulos recebidos pelo bebê.

O simples fato de ouvir uma música é suficiente para gerar consequências cognitivas significativas para a construção das redes neurais. Conforme Pederiva e Tristão (2006, p. 85), "A audição de uma música é também uma tarefa extremamente complexa, já que engloba diferentes padrões, associações, emoções, expectativas, entre outras coisas. Isto envolve um conjunto de operações cognitivas e perceptivas, que são representadas no sistema nervoso central".

Se apenas ouvir música já desencadeia processos cognitivos, aprender, exercitar, tocar um instrumento, cantar, improvisar e criar pode ser ainda mais efetivo para a cognição.

A música desenvolve-se sob uma série de códigos e suas incontáveis variações, sendo essa sua natureza uma das responsáveis pela contribuição desse elemento no desenvolvimento intelectual.

Segundo Pederiva e Tristão (2006, p. 88), "Quanto mais cedo as crianças entrarem em contato com o mundo da música, maiores serão as chances que elas assimilem novos códigos sonoros que a música pode oferecer. Maior será o seu conhecimento armazenado na memória sonora, quanto mais tipos de sons a criança ouvir". As autoras também sustentam que repertório de códigos sonoros pode ser ampliado com o aprendizado e a prática de um instrumento musical, o que ocorre inicialmente de forma individual, mas logo deve ser levado às práticas em conjunto.

Além dessa considerável contribuição à construção do intelecto, a música, logo no início da experiência musical, constitui-se veículo de expressão das emoções. Em algumas situações, ela se configura como a forma mais habitual de exteriorizar sentimentos.

Com relação às habilidades espaçotemporais, um estudo de Billhartz, Bruhn e Olson (2000, citados por Pederiva; Tristão, 2006), demostrou haver uma relação significativa entre o ensino de música nos primeiros anos de vida e o desenvolvimento dessas habilidades:

> Tal como outras formas de inteligência, a inteligência espacial envolve a habilidade de estabelecer relações entre itens. [...] O processo mental de sequencialização e espacialização envolvem altas funções cerebrais, tal como em resolução de equações matemáticas avançadas, e que também são utilizadas por músicos, na performance de tarefas musicais. (Pederiva; Tristão, 2006, p. 88)

Eis aí o motivo para se correlacionar a inteligência musical e a lógico-matemática, segundo a teoria das inteligências múltiplas de Howard Gardner (Pederiva e Tristão, 2006).

O mecanismo de aprendizado musical compreende desde as primeiras experiências auditivas da criança, que logo a capacitam a distinguir timbres, alturas e intensidades sonoras, até os ensinamentos oferecidos pelo professor de Música em sala de aula. Cada novo código aprendido abre caminho para o aprendizado de novos códigos musicais.

O conhecimento de um estilo musical, por exemplo, determina a facilidade de apreensão e memorização de novas melodias, como descrevem Pederiva e Tristão (2006, p. 88):

> Em um outro estudo relativo à memória, foi investigado como o conhecimento de um estilo específico contribui para a memorização de uma melodia. Para isso foram utilizados dois tipos de melodias, uma ocidental tonal e uma japonesa modal. Os estudantes ocidentais que possuíam anos de experiência com a música ocidental tonal tinham dificuldade em reconhecer o outro estilo. Estudantes mais inexperientes, com menos especialização no estilo tonal ocidental, tinham mais facilidade em memorizar ambas as melodias, indicando que a familiaridade com o estilo pode ser uma importante estratégia de memorização.

Nesse pequeno apanhado sobre a contribuição da música para a cognição, nota-se que os aprendizados de códigos musicais podem atuar significativamente no desenvolvimento da memória, da inteligência musical e matemática, na expressão de emoções e no desenvolvimento do intelecto. Cabe, ainda, refletirmos que, pelo fato de a música e a fala terem como matéria-prima o som, o domínio sonoro que o aprendizado musical oferece certamente também contribui para o desenvolvimento da linguagem falada.

Todas essas informações, enriquecidas e complementadas pelo avanço da neurociência, corroboram e embasam o conhecimento empírico que há tempos se tem acerca dos benefícios da música para o desenvolvimento humano.

Como exemplo disso, e para finalizar, recorremos à contribuição de Leandro Karnal que, além de ser filósofo, estudou piano e tem conhecimento profundo sobre música. Em 2017, ele publicou seu ponto de vista sobre música em sua coluna no jornal *O Estado de S.Paulo*. Do texto intitulado "A vida do som e o som da vida", reproduzimos alguns excertos que destacam a importância do aprendizado musical.

> Atenção pais e educadores: música não é um deleite ocioso de aristocratas. Música é parte da formação da cidadania e elemento estruturante do pensamento. Aprender sobre notas e melodias não é detalhe ou firula de formação. Sem música não é possível construir pessoas equilibradas e inteligentes. [...]
> [...] Aprender música estimula a concentração. [...] Nosso crescente déficit de atenção (estimulado pela tecnologia) pode ser atenuado com a música. [...]
> [...] Aprender música estimula a combinação de muitas coisas entre os dois hemisférios do cérebro. Música implica matemática e pensamento lógico de compasso. Música estimula concentração. Tocar algo traduz emoção e sensibilidade. Para executar uma partitura demanda-se coordenação motora envolvendo mão esquerda e direita, olhar, movimentos de braço e, dependendo do instrumento, boca e pernas. O corpo fala com o instrumento, o cérebro se envolve, a consciência dança e você se alegra e se expressa. A música transforma. (Karnal, 2017)

1.3 Formação de professores de Música para a educação básica

Como mencionamos, a Lei n. 11.769/2008 foi publicada com o veto presidencial à necessidade de formação específica em Música para lecioná-la. Isso ocorreu para atender a uma necessidade já existente. Era, e ainda é, comum que professores com formação em outras áreas e com conhecimento em música ministrassem esse conteúdo dentro da disciplina de Artes. Essa realidade, posteriormente, estimulou a oferta de cursos de Segunda Licenciatura, dos quais trataremos adiante.

Atualmente, há três frentes principais de formação de educadores musicais. A primeira delas é a Licenciatura em Música propriamente dita, que prepara professores especialistas na matéria. Há também a formação de professores de Arte que são generalistas capazes de trabalhar com a disciplina de Artes e suas diversas linguagens, como artes plásticas, teatro, música e dança. E, por fim, existem os casos já citados de professores de outras disciplinas, com certa experiência em música, que acabam lecionando esse conteúdo. Para algumas instituições, essa última situação não é problema; outras, porém, veem a necessidade de os professores obterem a formação complementar na área da música. Há, também, casos em que o profissional busca essa qualificação por si. Para esses casos, algumas instituições de ensino superior ofertam os cursos de segunda licenciatura. Professores licenciados nas mais diversas áreas podem, no curso de dois anos geralmente, obter uma Segunda Licenciatura na área de música.

Por se tratar da formação em que uma maior quantidade tempo, quatro anos, é dedicada, focaremos aqui no preparo de professores pelo caminho da Licenciatura em Música, entendendo que essa seria a via mais adequada para se formar educadores musicais completos.

A formação dos professores de Música parte do pressuposto de que a educação musical "é o campo de conhecimento que pressupõe e se funde de encontros entre a(s) música(s) e a(s) educação(ões)" (Bellochio, 2016). Sendo assim, parte da matriz curricular dos cursos de Licenciatura em Música tem se concentrado em conhecimentos teóricos e práticos da música, enquanto outra parte se ocupa das teorias e práticas da educação. Embora possamos olhar para as matrizes curriculares e encontrar disciplinas pertencentes a cada uma dessas duas áreas de forma distinta, as interações entre elas são imprescindíveis, pois só assim se constrói o conhecimento necessário ao educador musical.

É fundamental encontrar o ponto em que as duas áreas do conhecimento se fundem e quase não se percebam os limites entre elas, pois, como afirma Bellochio (2016), "a separação seria reducionista e não produziria o próprio movimento que se constitui como educação musical". Nesse sentido, é imperioso recordar que a música é ensinada muito antes de existir uma escola formal especializada ou cursos para formar professores da área. A rigor, para se fazer música, há, em qualquer situação, algum nível de aprendizado, de forma que sua fusão com a educação musical pode ser considerada natural.

Com essa ideia, a educação musical parte para a constatação das necessidades do profissional. Bellochio (2016) destaca que os estudos apresentados com esta temática têm seu foco recorrente nos relatos de formandos ou profissionais já atuantes em educação musical. Conforme Tejedor (citado por Bellochio, 2016), os estudos devem considerar quatro tipos de necessidade: (1) as normativas; (2) as percebidas; (3) as expressas; e (4) as relativas. As **necessidades normativas** correspondem às estipuladas pelo Poder Público, por meio de textos como a LDB e a BNCC. As **necessidades percebidas,** que têm sido o principal objeto dos trabalhos da área, são aquelas detectadas durante as vivências dos próprios professores e estagiários. As **necessidades expressas** são as contidas nos programas das escolas. E as **necessidades relativas** resultam da comparação entre "diferentes situações ou grupos" (Bellochio, 2016, p. 12).

Fundada em 1991, a Associação Brasileira de Educação Musical (Abem) tem sido o principal espaço para o debate sobre a formação dos professores de Música, desde muito antes da obrigatoriedade de seu ensino imposta pela Lei n. 11.769/2008. Em 1995, a *Revista da Abem* publicou um artigo escrito por Irene Tourinho que trata da formação do professor de Música mediante o componente curricular Estágio Supervisionado. A preocupação com a formação dos docentes da área também se faz constante nos congressos da Abem desde 2001. Naquele ano, o tema foi *Educação musical hoje: múltiplos espaços, novas demandas profissionais*, sendo um dos assuntos discutidos a formação do professor de Música, com foco nos múltiplos espaços para sua atuação profissional (Bellochio, 2016).

Algo que devemos salientar é que a educação musical está inserida em um projeto maior de escolarização, devendo articular-se com todo o contexto escolar, em termos de "tempos, espaços, sujeitos, materiais e conhecimentos" (Faria Filho; Vidal, citados por Bellochio, 2016). Nesse sentido:

> além de se preocupar com conteúdos, o projeto formativo implica compreender como as aulas de música se articulam ao espaço escolar e contribuem para as aprendizagens dos estudantes, para o desenvolvimento da educação musical como processo. Os tempos e os espaços do ensino de música na escola são trazidos como dispositivos mediadores do desenvolvimento humano e da sociedade como um todo, superando a simplicidade factual da obrigatoriedade legal do conteúdo música na escola como algo linear. (Bellochio, 2016, p. 13)

Assim sendo, o professor de Música tem de reconhecer que a educação musical está inscrita em um projeto maior de escolarização. Ao mesmo tempo que é necessário olhar para os benefícios cognitivos que a música traz oferece a formação da pessoa, é fundamental que a música seja compreendida como parte integrante da vida em sociedade. Por essa razão, ela precisa ser tratada como uma importante área do conhecimento por si própria, e não só como serva de outras áreas.

Com esse enfoque, as matrizes curriculares dos cursos de licenciatura em Música devem ser concebidas: entendendo-se a música como parte de um projeto maior de escolarização, sem perder de vista sua importância em si mesma; buscando-se os entrelaçamentos entre música(s) e educação(ões); e sempre atentando-se para as necessidades normativas, percebidas, expressas e relativas da música na educação básica.

1.4 Organização dos conjuntos musicais escolares

A prática musical em conjunto integra o processo de aprendizado musical. Ela serve para transcender o discurso lógico da partitura, para posicionar a linha melódica de cada instrumento em um contexto maior, no qual tudo faz mais sentido. Pode ser interpretada em uma analogia com a vida em sociedade, em que cada um tem um papel definido e tudo tende a funcionar quando cada indivíduo faz sua parte.

Fazer música com outras pessoas, em um grupo comandado por um maestro, também pode contribuir para a ampliação do universo estético, já que os conjuntos musicais, de modo geral, tendem a renovar periodicamente seu repertório.

Além disso, a BNCC abre espaço para a criação de práticas em conjunto quando, para alunos do 1º ao 5º ano, destaca como habilidades a serem desenvolvidas: "Perceber e explorar os elementos constitutivos da música (altura, intensidade, timbre, melodia, ritmo etc.), por meio de jogos, brincadeiras, canções e práticas diversas de composição/criação, execução e apreciação musical" (Brasil, 2017, p. 203).

Práticas de composição, criação e execução musical são objetos de conjuntos musicais. A habilidade exigida, na BNCC, para alunos do 6º ao 9º ano praticamente repete a dos anos iniciais, sendo uma de suas diferenças a substituição do verbo "perceber" por "analisar" (Brasil, 2017, p. 209) – o que dá uma noção de aprofundamento das mesmas práticas.

Além dessa necessidade normativa das práticas em grupo, podemos apoiar-nos em pesquisas para atestar a importância da prática em conjunto para a educação musical:

> A prática de conjunto instrumental pode ser uma eficiente estratégia metodológica para o educador musical, pois, envolvendo diversas formações musicais, favorece o trabalho em diversos contextos educacionais e com alunos de diferentes faixas etárias e níveis de conhecimento musical. Por meio dessa prática grupal, o ensino instrumental torna-se mais dinâmico e prazeroso, ganhando importância como disciplina obrigatória nos cursos de licenciatura em música. (Bastião, 2012, p. 60)

A Professora Doutora Zuraida Abud Bastião (2012) aponta, primeiramente, a importância de juntar em um mesmo grupo alunos com níveis e idades diferentes. Ela acrescenta que a prática em conjunto atua de forma a incentivar o ensino de instrumento, cuja importância cognitiva já salientamos. A autora também assinala a necessidade de as práticas em conjunto integrarem a formação dos professores; para ela, a disciplina deveria estar bem articulada com as matérias teóricas – algo que, na realidade, é difícil de acontecer.

Embora reconheçamos que as práticas em conjuntos escolares tornam viáveis os objetivos e as habilidades propostos normativamente, as leis não inscrevem expressamente a necessidade de sua criação. O que há são indicativos que levam os professores à aplicação dessas práticas como ferramenta pedagógica no trabalho com o conteúdo de música. A criação de conjuntos, adicionalmente ao conteúdo normativo da disciplina de Artes, é deliberação das escolas que elevam o ensino de Música a um patamar superior àquele expresso na base legal – talvez pensando em sua importância cognitiva, ou em sua dimensão social, ou em ambos, ou, ainda, em outros benefícios.

As práticas em conjunto podem e devem integrar os planos das aulas de Música, por toda a sua potencial contribuição, mas abordaremos ainda as possibilidades extracurriculares, pois também nessas condições a criação de diversos tipos de conjuntos musicais pode auxiliar na formação dos alunos.

Uma questão importante para a definição do tipo de grupo a ser formado é a disponibilidade de instrumentos e/ou alunos instrumentistas. Se, dentro da instituição de ensino, houver um direcionamento para o ensino de instrumentos de sopro, abrem-se as possibilidades para as fanfarras, as bandas marciais e as *big bands*, por exemplo. Se houver um bom número de instrumentos de cordas como violinos, violas, violoncelos e contrabaixos, o direcionamento pode ser para formações de câmara, como quartetos de corda e pequenas orquestras. Se houver um número grande de violonistas, uma orquestra de violões pode ser formada. Se a aspiração dos alunos estiver relacionada ao canto, coros e grupos vocais podem entrar em pauta.

Enfim, nessa definição pesará muito a observação da situação da instituição em que se pretende organizar um grupo musical, assim como a *expertise* e a experiência do professor que irá dirigir o grupo. Pouco eficiente será organizar um coro se a pessoa designada como regente não tiver experiência com a prática coral e não dominar técnicas vocais. Da mesma forma, o regente de fanfarras precisa ter noções dos instrumentos de sopro; e o diretor de grupos orquestrais, conhecer os recursos de cada um dos instrumentos envolvidos.

Definida a melhor prática para a instituição e o professor responsável, o qual poderá ser chamado de *regente*, *maestro* ou *diretor*, outros aspectos estruturais devem entrar em pauta. Primeiro, deve-se definir o local e o horário de ensaio.

1.4.1 Definição de local de ensaio

A escolha do local de ensaio deve levar em conta alguns aspectos como: dimensões do espaço, localização em relação ao espaço escolar, acústica do ambiente e acessibilidade.

Quanto às dimensões, deve-se considerar a quantidade de alunos que se espera ter como integrantes do conjunto, bem como as características físicas dos instrumentos a serem utilizados. Formações orquestrais podem contar com instrumentos de grande porte como tímpanos, xilofones e baixos. Para esses casos, pode-se fazer um croqui da sala, a fim de se ter ideia do espaço a ser ocupado, como no exemplo exposto na Figura 1.1, a seguir.

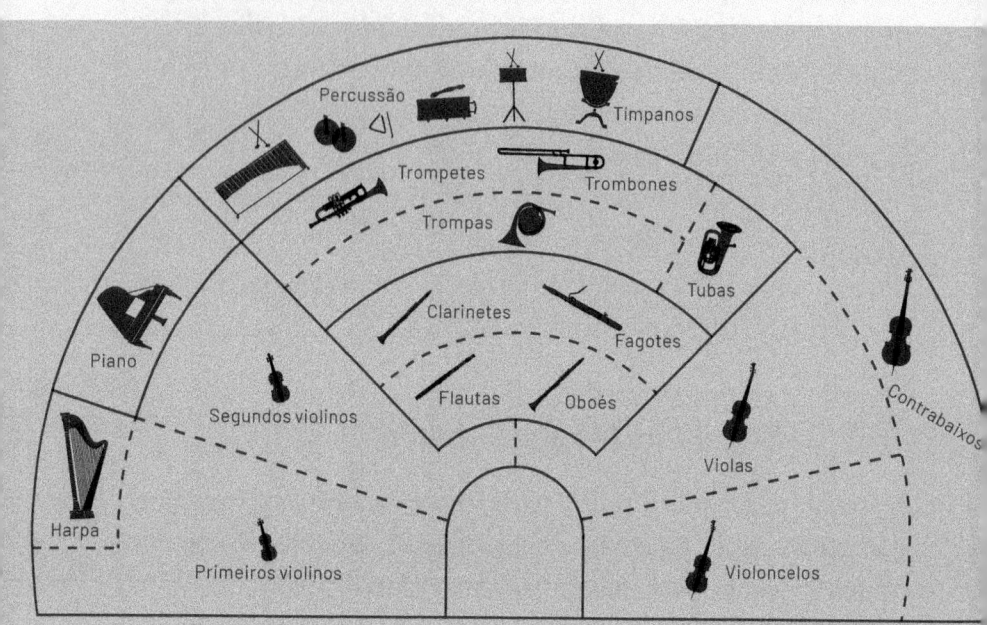

Figura 1.1 – Modelo de mapa de palco de orquestra

[Figura: mapa de palco de orquestra mostrando a disposição dos instrumentos em semicírculo, com Percussão e Tímpanos ao fundo; Trompetes, Trombones, Trompas e Tubas na segunda fileira; Clarinetes, Fagotes, Flautas e Oboés na terceira fileira; Piano e Harpa à esquerda, Contrabaixos à direita; Segundos violinos, Primeiros violinos, Violas e Violoncelos na frente.]

A Figura 1.1 apresenta um mapa de palco, um documento obrigatório para que um conjunto se apresente. Com ele, os técnicos de som podem planejar a sonorização do grupo e a montagem do palco. Ademais, partindo do princípio de que o ensaio deve ser uma simulação do espetáculo, ensaiar na mesma formação da apresentação oferece muitos benefícios. Dessa forma, o mesmo desenho que se faz para o mapa de palco serve como croqui para a escolha do local de ensaio no que diz respeito às dimensões.

A localização da sala de ensaio também tem de considerar o número de integrantes, o movimento que irão provocar em horários distintos das aulas, as dificuldades relativas ao transporte de instrumentos, além da proximidade a locais que podem ser afetados de forma indesejada pela pressão sonora do ensaio, como salas de aula.

A acústica do ambiente deve prever dois fatores. Primeiro, a sala deve ter dimensões e tratamento interno que minimizem reflexões sonoras (eco e reverberação), as quais podem prejudicar o ensaio. Além disso, a sala deve ter isolamento adequado para que o som do conjunto não prejudique o ambiente escolar como um todo. Nesse sentido, fazer ensaio em ambientes abertos é excelente se considerada reflexão e péssimo se levado em conta o isolamento. As escolas que contam com auditórios já preparados acusticamente têm as condições ideais, porém, sabemos que esse é um recurso disponível em poucas instituições escolares.

Por fim, mas não menos importante, está a acessibilidade. Nesse aspecto, se deve considerar aqueles alunos com alguma dificuldade física de locomoção, assim como aqueles integrantes que irão transportar instrumentos maiores ou compostos por várias partes, como uma bateria, e precisarão fazer o caminho entre o armário do instrumento e o local de ensaio diversas vezes.

1.4.2 Definição de duração e horário de ensaio

No atinente ao tempo, duas questões devem ser consideradas: a definição da duração de um ensaio e o horário em que será realizado.

O horário do ensaio normalmente encaixa-se no contraturno daqueles alunos interessados em participar da prática. Dependendo da situação, pode haver uma parte do grupo que ensaiará num período, e outra, no período contrário.

Vale salientar que o horário de ensaio também deve respeitar a dinâmica da instituição. Dependendo da localização e da preparação acústica da sala de ensaio, a escolha deve considerar o horário das aulas normais.

A duração dos ensaios é outro ponto importante a ser estabelecido. Eles não devem ser tão longos a ponto de se tornarem maçantes para os alunos, tampouco devem ser tão curtos a ponto de não cumprirem os objetivos propostos. Assim sendo, o tempo de ensaio costuma variar entre uma hora e meia e duas horas, no máximo. Desse modo, é possível que se tenha entre uma hora e uma hora e meia de tempo útil, considerando que há um período de organização, no início, e outro, no fim, para desfazer essa organização.

1.4.3 Definição de repertório

Um dos parâmetros para a definição do repertório de conjuntos musicais escolares é o que está contido na BNCC. Tomemos como exemplo uma das habilidades relacionadas para alunos do 1º ao 5º ano: "Identificar e apreciar criticamente diversas formas e gêneros de expressão musical, reconhecendo e analisando os usos e as funções da música em diversos contextos de circulação, em especial, aqueles da vida cotidiana" (Brasil, 2017, p. 203).

Esse conhecimento da diversidade de expressões musicais, sobretudo daquelas associadas à cultura brasileira, pode e deve ser trabalhado numa prática em conjunto em ambiente escolar. Cabe ao responsável pela atividade contextualizar cada expressão musical apresentada ao grupo.

Contemplar a diversidade musical também compreende inserir a realidade dos alunos nesse contexto. Assim sendo, algumas músicas do universo cotidiano dos estudantes terão importante papel para a identificação dos integrantes com o repertório.

Além do parâmetro da diversidade, deve-se atentar para o binômio exequibilidade-desafio. Músicas difíceis demais podem desmotivar os alunos à medida que o resultado demora a aparecer. De modo semelhante, peças muito fáceis tendem a desmotivar, pela falta de um elemento desafiador. Há que se encontrar um equilíbrio em cada peça a ser escolhida e no repertório de maneira geral. Destarte, uma música não deve ser muito fácil nem extremamente difícil, devendo o repertório guardar esse equilíbrio entre as peças escolhidas.

É preciso também considerar que o grupo terá uma história. As pessoas que participarem do conjunto desde sua formação se transformarão ao longo do tempo. No início, o nível técnico será um, o qual, no decorrer do projeto, tenderá a aumentar. Portanto, o repertório também deverá contemplar esse progresso, sendo composto, no início, por músicas mais fáceis e tendo seu nível de dificuldade ajustado progressivamente.

Outra questão importante a ser considerada na formação do repertório é o fato de que muitos arranjos existentes para as músicas escolhidas podem não funcionar para o grupo. Nesse caso, é fundamental que o diretor adapte ou escreva os próprios arranjos para as músicas do repertório. Conhecimentos de teoria musical, contraponto, harmonia e arranjo são imprescindíveis ao regente.

Todas as músicas executadas pelo grupo devem ser impressas em papel; e as partituras, organizadas. A seguir detalharemos algumas formas de proceder a essa organização.

1.4.4 Organização dos materiais

Um conjunto musical escolar pode utilizar diversos materiais. Se não todos, pelo menos alguns instrumentos podem ser de propriedade da escola. Existe a necessidade de se manter um armário para armazená-los, cuja chave deve ficar sob a guarda de um responsável. É de grande importância que o coordenador do grupo crie cargos e divida tarefas entre os alunos para a organização das atividades; por exemplo, um responsável pelo armário, ou um almoxarife, pode ser um desses cargos.

Outra função bastante útil é a de arquivista. Cuidar das músicas impressas, distribuir as partituras entre os músicos e arquivar os papéis que não estão sendo mais usados são algumas das tarefas da pessoa que cuida dos arquivos musicais.

As partituras do grupo são usadas por um certo tempo e cada integrante deve ter sua própria pasta para mantê-las em ordem. Esta pode ser de capa dura com divisórias em plástico, o que possibilita facilmente a substituição de partituras. Alertamos, porém, que o plástico pode causar incômodo, porque, dependendo da luz do palco, gera reflexo e impede a leitura de determinadas regiões da partitura. Havendo um bom planejamento do repertório, o diretor do grupo pode mandar confeccionar cópias das partituras já encadernadas, com espiral, por exemplo, o que resolve esse problema.

Há outros materiais, como cenários, figurinos e adereços, que são produzidos ao longo da trajetória do grupo e que precisam de cuidados específicos. Para cada um desses elementos também se pode eleger um responsável.

Além da organização do material físico, há a necessidade de se organizar a informação. Listas de presença em ensaios e espetáculos, mapas de palco, agenda e programas de apresentações são alguns dos documentos produzidos ao longo do tempo e que também precisam de organização, principalmente por parte do regente.

O envolvimento dos alunos com funções além das estritamente musicais contribui para o desenvolvimento de um sentimento de pertencimento ao grupo, motivando-os a fazer parte da história do conjunto.

Assim, apresentamos um pequeno roteiro para organizar um conjunto musical. Obviamente, essas reflexões iniciais gerarão desdobramentos específicos para cada caso, mas o pontapé inicial pode ser dado com base no que tratamos aqui.

1.5 Música e cidadania

A BNCC de 2017 expressa algumas diretrizes gerais para a educação básica no Brasil. Uma delas é constituída por dez competências gerais da educação básica. A sexta competência reitera o compromisso da educação com a noção de cidadania:

> 6. Valorizar a diversidade de saberes e vivências culturais e apropriar-se de conhecimentos e experiências que lhe possibilitem entender as relações próprias do mundo do trabalho e fazer escolhas alinhadas ao exercício da cidadania e ao seu projeto de vida, com liberdade, autonomia, consciência crítica e responsabilidade. (Brasil, 2017, p. 9)

Contudo, o marco que relaciona educação e cidadania está no art. 205 da Constituição Federal, promulgada em 5 de outubro de 1988:

> [...] A educação, direito de todos e dever do Estado e da família, será promovida e incentivada com a colaboração da sociedade, visando ao pleno desenvolvimento da pessoa, seu preparo para o exercício da cidadania e sua qualificação para o trabalho.
> (Brasil, 1988)

Portanto, é inseparável o vínculo da educação com o preparo do indivíduo para o exercício da cidadania. Mas qual é a relação entre música e cidadania?

Conforme temos salientado, a educação musical está inserida, como conteúdo obrigatório e não exclusivo da disciplina de Artes, em um contexto maior de escolarização da sociedade. Ora, se esse processo está comprometido com o desenvolvimento da noção de cidadania, a música, como integrante dele, tem o mesmo compromisso. Portanto, como conteúdo integrante do ensino básico, a música deve, obedecendo a um preceito constitucional, atuar em prol do preparo da pessoa para o exercício da cidadania. E o que é cidadania? Qual é o papel da música nessa seara?

A palavra *cidadania* tem origem no latim *civitas*, que significa "cidade" (Pena, 2020). De um modo simplista, cidadão é aquele que vive na cidade. Assim, a cidadania seria o saber viver em cidade ou, de um modo mais abrangente, o saber viver em sociedade. Pena (2020, grifo do original) define: "A **cidadania** é o conjunto de direitos e deveres exercidos por um indivíduo que vive em sociedade, no que se refere ao seu poder e grau de intervenção no usufruto de seus espaços e na sua posição em poder nele intervir e transformá-lo".

Cidadania seria, então, o conjunto de direitos e deveres de um cidadão perante os outros em uma sociedade.

Está inclusa nessa ideia a tão comentada noção de uma liberdade individual que termina quando se inicia a liberdade do outro. As diretrizes dessas liberdades constam no art. 5º da Constituição Federal, que trata dos direitos fundamentais do cidadão brasileiro. Há, ainda, um conjunto de regras tácitas mundialmente aceitas que nos impedem de roubar, matar, jurar em falso e que nos orientam sobre cidadania.

Viver a cidadania é saber de nossos direitos e nossas obrigações, respeitando os direitos do outro. É entender a sociedade em que vivemos como um organismo que precisa do bom funcionamento de cada uma de suas partes para ser saudável. É conceber que cada pessoa corresponde a uma parte desse organismo e precisa ofertar sua contribuição para o bem de todos.

Aqui você pode pensar: Espere, eu já li isso neste livro! Sim, já afirmamos que a prática de música em conjunto trabalha com o fato de ser necessário cada instrumento ocupar um espaço para o todo soar. A prática de música em grupo pode ser considerada uma analogia com a prática da cidadania.

Além disso, quando a lei e outras referências recomendam o exercício da diversidade musical, com olhar atento aos contextos sociais em que as manifestações culturais ocorrem, está se recomendando entender o outro. Estamos exercitando cidadania.

A música é parte da vida em sociedade. Ela é produzida graças ao trabalho de uma grande cadeia de profissionais que se relacionam socialmente. As pessoas, os cidadãos, consomem e criam música no cotidiano. Ela é um elemento significativo para a vida em sociedade.

▷▷ Resumo da ópera

Iniciamos este capítulo com uma breve revisão histórica do ensino da Música na educação básica no Brasil, começando pelos jesuítas, que utilizavam a música para auxiliar na catequização e na colonização do país. Nesse contexto, abordamos um documento chamado *Ratio Studiorum*, o qual colocava a música numa posição secundária em relação aos estudos superiores como filosofia e teologia. Explicitamos também que as práticas de aculturação indígena promovidas pelo ensino da Música resultaram em uma das primeiras experiências de sincretismo cultural, característica da cultura brasileira.

A tutela dessa educação musical ficou com os padres jesuítas até a chegada da família real portuguesa, em 1808. Desde então, teve início a uma série de acontecimentos que transferiram a função de ensino da Música para instituições não pertencentes à esfera escolar, como os conservatórios.

Com a Proclamação da República, a educação musical voltou a figurar por lei na escola formal. Entretanto, sua aplicação começou a ter outras finalidades, como o exercício da disciplina e do civismo.

Essa visão teve seu ápice com o trabalho de Villa-Lobos para o governo de Getúlio Vargas, entre as décadas de 1930 e 1940. O canto orfeônico criado por Villa-Lobos perdurou durante todo o período de regime militar. Somente em 1996, com a LDB n. 9.394, essa prática perdeu força. Em 2008, a Lei Federal n. 11.769 enfim incluiu a música como conteúdo obrigatório, mas não exclusivo, da disciplina de Artes.

Em seguida, tratamos da importância cognitiva da música na educação básica. Demonstramos que as habilidades cognitivas desenvolvidas por meio da música podem afetar positivamente outras áreas do conhecimento.

As novas experiências sonoras desde o útero materno auxiliam no desenvolvimento de redes neurais para a linguagem musical. O simples fato de ouvir uma música já desencadeia uma série de processos cognitivos, como associações, emoções e expectativas.

Com o repertório de linguagem musical desenvolvido, por exemplo, por meio do aprendizado de um instrumento, a música pode ser veículo de expressão das emoções, algo muito importante para o desenvolvimento.

Explicamos também que a música contribui para o desenvolvimento das habilidades temporais e espaciais, úteis em diversas áreas da vida.

O aprendizado de códigos musicais pode contribuir para o desenvolvimento da memória, da inteligência musical e matemática, da expressão de emoções e do intelecto.

Abordamos, ainda, a formação dos professores. Destacamos que, atualmente, há três tipos de formação principais: a Licenciatura em Música, a Licenciatura em Artes e a Segunda Licenciatura em Música.

As competências de um professor de Música podem ser estabelecidas considerando as necessidades normativas, as percebidas, as expressas e as relativas. É preciso que se entenda também a educação musical como parte de um projeto maior de escolarização para, desse modo, compreender quais suas posições no tempo e no espaço da esfera escolar. Além disso, o professor de música tem de estar ciente dos benefícios cognitivos que a música proporciona para a formação dos indivíduos.

Em seguida, detalhamos a organização dos conjuntos musicais escolares. As práticas em conjunto são uma determinação da BNCC, que recomenda práticas de composição, criação e execução musical.

Para a determinação do tipo de prática, deve-se considerar a realidade dos alunos que farão parte dela. Com isso em mente, citamos alguns exemplos, como fanfarras, *big bands*, quartetos de corda, grupos de violão, entre outros. Depois de escolher a prática a ser utilizada, é preciso definir o local de ensaio. Recomendamos a execução de um croqui da distribuição dos instrumentos para determinar as dimensões do espaço a ser utilizado, essa decisão que também deve levar em consideração as outras atividades desenvolvidas na escola.

Ademais, comentamos brevemente a duração do ensaio, que deve considerar o tempo de montagem e desmontagem dos instrumentos e equipamentos. A duração não deve ser tão curta a ponto de tornar o ensaio improdutivo nem tão longa a ponto de o tornar enfadonho.

Depois, tratamos de questões referentes à escolha do repertório, que deve, preferencialmente, adequar-se à faixa etária e incluir arranjos que apresentem um equilíbrio entre habilidades e desafio.

Além disso, abordamos a organização dos materiais, lembrando da importância dos espaços adequados, inclusive para armazenamento dos materiais. Discorremos também sobre a ideia de delegar responsabilidades para cada um dos integrantes do grupo.

Por fim, relacionamos música e cidadania, pontuando que a produção musical compreende uma cadeia de profissionais que interagem socialmente. Essas duas esferas relacionam-se na medida em que a música tem um papel social significativo e a cidadania consiste em saber viver em sociedade.

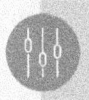

Teste de som

1. Qual era a função do ensino da Música incumbido aos jesuítas no período colonial brasileiro?
   a) O ensino do civismo aos colonos.
   b) O intercâmbio cultural com os povos indígenas.
   c) A catequização dos povos indígenas.
   d) A promoção dos benefícios cognitivos da música.
   e) O ensino do latim aos indígenas.

2. Qual era o principal objetivo do projeto de educação musical que Getúlio Vargas incumbiu Villa-Lobos de realizar?
   a) O desenvolvimento cognitivo dos alunos.
   b) O aprendizado de teoria musical.
   c) Uma prática musical recreativa.
   d) A formação de mais músicos.
   e) A promoção da disciplina e o despertar o civismo nos alunos.

3. A partir de 2008, com a Lei Federal n. 11.769, a música tornou-se:
   a) conteúdo exclusivo da disciplina de Artes.
   b) conteúdo obrigatório, mas não exclusivo, da disciplina de Artes.

c) facultativa para o ensino fundamental.
d) disciplina das ciências exatas.
e) uma disciplina independente.

4. Sobre a importância cognitiva da música, analise as seguintes proposições:
   I) O aprendizado dos códigos musicais contribui para o desenvolvimento da memória.
   II) Já nos primeiros anos de vida do indivíduo, a música pode se tornar um veículo para expressão das emoções.
   III) O aprendizado de música pode contribuir para o desenvolvimento do intelecto.

   Agora, assinale a alternativa que apresenta todas as proposições verdadeiras:
   a) I.
   b) I e II.
   c) II e III.
   d) I e III.
   e) I, II e III.

5. Qual elemento pode representar um croqui, ou um esboço, para definição do local e disposição dos instrumentos no ensaio?
   a) Um mapa de palco.
   b) Um projeto.
   c) Um quarteto de cordas.
   d) Um arranjo.
   e) Um repertório.

Treinando o repertório

Pensando na letra

1. Considerando o conteúdo deste capítulo e a obrigatoriedade do ensino da música na disciplina de Artes, reflita sobre a situação atual. A legislação tem sido aplicada nas escolas? O conteúdo e as metodologias de ensino da Música são eficazes? Quais medidas poderiam ser tomadas pelos setores público e privado para melhorar esse cenário?

2. Abordamos um breve histórico da educação musical e como se mostra árdua a luta pela inclusão dela na educação básica do Brasil. Estamos ainda no meio dessa batalha, e você certamente pode colaborar. Para isso, é importante que tenhamos os argumentos sempre bem claros que nos fazem ter absoluta certeza da importância da educação musical. Neste capítulo, você conheceu alguns deles. Articule-os com os argumentos que já tem e crie uma lista de todas as vantagens proporcionadas pela educação musical. Guarde bem essa lista e, toda vez que você encontrar um novo argumento, atualize sua relação.

Som na caixa

1. Considerando que você, leitor, tem certa experiência musical, seja como instrumentista, seja como cantor, é possível que já tenha praticado música em conjunto. Pense em um desses grupos dos quais participa ou participou e esboce um mapa de palco. Se você nunca participou de nenhum grupo musical, idealize uma formação da qual gostaria de participar e esboce, também, seu mapa de palco. Se o conjunto estiver em atividade, redobre o capricho, pois esse documento será muito importante para viabilizar futuras apresentações.

Capítulo 2
LEITURA MUSICAL

A notação musical é uma ferramenta muito importante para
a comunicação entre os integrantes de uma prática musical,
mesmo que diversos músicos consagrados, principalmente
na esfera da música popular, não tenham formação em leitura
e escrita musical.

Alguns compositores e produtores musicais de renome simplesmente se comunicam musicalmente cantarolando as pequenas melodias que desejam ouvir dos instrumentos ou das vozes. Para que isso funcione, é preciso que o músico tenha uma percepção musical muito apurada. Mesmo assim, dúvidas interpretativas podem surgir. Por exemplo, se o compositor cantar uma melodia com a sequência de notas dó ré mi sol fá, um intérprete com uma percepção pouco desenvolvida pode entender como dó ré mi sol mi, ou como dó ré mi fá sol fá. A notação musical viria, nesses casos, para minimizar possíveis erros de interpretação.

Portanto, neste capítulo apresentaremos algumas das formas mais utilizadas de notação musical, como a cifra, o pentagrama e a tablatura. Na segunda parte, detalharemos o sistema mais utilizado: a partitura. Trataremos, em seguida, da noção de tonalidade e da simbologia musical necessária para a leitura e para a prática de música em conjunto.

2.1 Cifras e tablatura

Quando se fala em notação de música, a primeira forma que geralmente vem à mente é a partitura. No entanto, ela não é a única maneira de registrar a música. Há, pelo menos, outras duas formas bastante difundidas, cada qual com uma finalidade bem-definida.

A partitura é, inegavelmente, a notação musical mais completa para registrar música nos padrões ocidentais, com exceção da música contemporânea, a qual pode apresentar diversos sistemas de notação, sendo cada um desenvolvido e adequado para composições específicas.

A partitura tradicional apresenta informações sobre a duração dos sons, suas alturas e seus timbres. Ela contempla, também, os elementos constituintes básicos da música, como melodia, ritmo, harmonia e contraponto. Além disso, informações de dinâmica, articulação, expressão e andamento também podem estar contidas nela.

Contudo, a realidade dos conjuntos escolares com que o professor trabalhará mostra que nem todos os instrumentistas terão o domínio da ferramenta **partitura**. Em especial, alguns instrumentos, como violão, guitarra, baixo, entre outros, são ensinados com auxílio de outros sistemas de notação.

O ensino de violão, por exemplo, segue, basicamente, dois enfoques distintos, os quais são designados, na prática, como *violão popular* e *violão erudito*. O violão erudito, como o próprio nome diz, é um estudo que se dedica ao aprendizado de peças de música erudita, algumas compostas exclusivamente para o violão, algumas advindas de outros instrumentos e formações, mas adaptadas. Esse enfoque utiliza, desde o começo, a partitura convencional como forma de comunicação. Já o violão popular se dedica ao aprendizado de acompanhamento rítmico, harmônico e melódico de músicas populares. Normalmente, no ensino de violão popular, não se usa partitura. Em vez disso, são utilizadas as cifras para harmonia e a tablatura para as melodias. A seguir, pormenorizaremos as particularidades desses dois sistemas.

2.1.1 Cifras

As cifras constituem uma forma de notação específica para acordes, os quais são combinações harmônicas entre, pelo menos, três notas musicais que soam ao mesmo tempo. Em geral existem quatro tipos de acordes com três notas, as tríades: Perfeita Maior, Perfeita Menor, Aumentada e Diminuta.

A tríade **Perfeita Maior** (PM) caracteriza-se por constituir-se de uma terça maior (3M), seguida por terça menor (3m). Pode-se dizer, também, que é constituída de 3M e quinta justa (5J).

Figura 2.1 – Tríade Perfeita Maior

A tríade **Perfeita menor** (Pm) tem as terças invertidas em relação à Perfeita Maior, ou seja, ela é formada por 3m sucedida por 3M. Ou, se preferir, 3m e 5J.

Figura 2.2 – Tríade Perfeita menor

A tríade **Diminuta** (dim) é formada a partir do sétimo grau da escala diatônica. Sua composição é de duas 3m sucessivas, gerando, assim, intervalos de 3m e quinta diminuta (5dim) em relação à nota fundamental do acorde – isto é, aquela que o nomeia.

Figura 2.3 – Tríade Diminuta

A tríade **Aumentada** (aum) é formada por duas 3M que geram intervalos de 3M e quinta aumentada (#5) com a nota fundamental.

Figura 2.4 – Tríade Aumentada

A representação desses acordes utiliza as sete primeiras letras do alfabeto, respeitando a ordem alfabética a partir da nota Lá:

- Lá = A
- Si = B
- Dó = C

- Ré = D
- Mi = E
- Fá = F
- Sol = G

Para representar o nome do acorde, ou seu prefixo, é utilizada a letra correspondente ao som fundamental. Se a nota fundamental do acorde for Dó, por exemplo, ele será representado pela letra C. Se a nota fundamental for Si, o acorde será representado pela letra B, e assim por diante.

Nos casos em que a fundamental do acorde for uma nota com acidente, a letra correspondente ao acorde será acrescida do acidente (alteração), por exemplo: C♯, F♯, A♭, E♭.

Os quatro tipos de tríade são representados conforme o Quadro 2.1.

Quadro 2.1 – Representação dos tipos de tríades

Tríade	Representação
PM	X
Pm	Xm
Dim	Xdim ou X°
Aum	Xaum ou X(♯5)

No quadro, a letra X está em lugar do nome do acorde. Repare que para representar uma tríade Perfeita Maior não é necessário qualquer símbolo adicional. Os acordes perfeitos menores são representados por um *m* minúsculo. Os acordes diminutos e aumentados podem ser representados por sua abreviação ou por signos específicos, como expresso na última coluna do Quadro 2.1.

Na Figura 2.5, é possível verificar alguns exemplos de como são nomeadas e representadas as tríades.

Figura 2.5 – Exemplo de nomenclatura de tríades

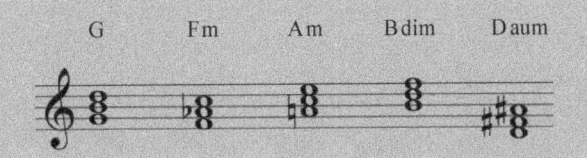

G   Fm   Am   Bdim   Daum

Se adicionarmos mais uma nota no acorde, será necessário agregar mais um símbolo à tríade original. De acordo com o estudo dos intervalos musicais, essa quarta nota será uma sétima maior, menor ou diminuta. Aos acordes com sétima maior, agregamos o símbolo 7M. Se a sétima for menor, basta acrescentar o 7. Caso a sétima seja diminuta, o que ocorre em acordes diminutos dos modos menor harmônico e melódico, mantém-se a grafia da tríade, ou seja: X°. Assim, as grafias das tétrades, acordes de quatro notas, segue conforme exposto no Quadro 2.2.

Quadro 2.2 – Representação dos tipos de tétrades

Tétrade	Representação
Maior com sétima maior	X7M
Maior com sétima menor	X7
Menor com sétima maior	Xm7M
Menor com sétima menor	Xm7
Diminuto com sétima menor (meio diminuto)	$X^{\emptyset}$, ou $Xm7_{(b5)}$
Diminuto com sétima diminuta (diminuto)	X°
Aumentado com sétima maior	X7M(#5)

Os acordes ainda podem ter cinco, seis ou sete notas, as quais são chamadas de *tensões*. Após a quarta nota, as subsequentes, também adicionadas por superposição de terças, são representadas pelos símbolos indicados no Quadro 2.3, relacionados ao intervalo que formam com a fundamental do acorde.

Quadro 2.3 – Representação das notas de tensão

Intervalo	Representação
9M	9
9m	♭9
11J	11
11aum	#11
13M	13
13m	♭13

Além dessas possibilidades, pode-se ter a intenção de que a nota mais grave do acorde não coincida com a fundamental. A rigor, podemos trocar a mais grave por qualquer outra que integre a estrutura básica do acorde. Em harmonia, esse processo é chamado de *inversão*. Para essas situações, cifra-se o acorde normalmente, adicionando uma barra, seguida da letra que representa a nota desejada no baixo, por exemplo:

G/B; Dm/F; E/B

Esses exemplos são lidos, respectivamente, como: "Sol com baixo em Si", "Ré Menor com baixo em Fá" e "Mi com baixo em Si".

Se ligue na batida!

Nesse ponto há uma divergência entre escolas mais tradicionais e mais populares. A escola tradicional considera apenas as notas da tríade como passíveis de ocupar a posição mais grave, ao passo que a escola popular considera as notas da tétrade e concede até mais liberdade para as inversões.

Quando os acordes são representados por meio de códigos formados, principalmente, por letras e números em partitura, seu conjunto é chamado de *cifras*. Uma melodia representada com cifras acima do pentagrama é denominada *melodia cifrada* – trata-se da forma apresentada nos conhecidos *Songbooks* de Almir Chediak, ou no mundialmente reconhecido *The Real Book*, formulado por músicos de *jazz*.

Se ligue na batida!

Songbooks são publicações que contêm coletâneas de partituras, geralmente em forma de melodia cifrada, contemplando a obra de um compositor específico ou de determinado gênero musical.

Na música popular, é comum a utilização de cifras sobre a letra da canção – é o que se chama de *letra cifrada*. Esse sistema foi consagrado pelas revistas cifradas, que começaram a circular nas bancas de jornal a partir da metade do século XX. Esse é, atualmente, um dos sistemas mais utilizados por músicos amadores e profissionais, disponível em *sites* especializados em cifras.

Em geral, os instrumentos harmônicos de um conjunto musical valem-se desse tipo de notação.

2.1.2 Tablatura

Os *sites* especializados em cifras, quando precisam apresentar a notação de uma introdução melódica feita por um violão ou uma guitarra, lançam mão de um sistema de apreensão ligeira, porém incompleto, chamado *tablatura*.

A tablatura consiste em um sistema de seis linhas, cada qual representando uma corda do violão ou da guitarra (Figura 2.6). Essas linhas normalmente são tracejadas possibilitando sua edição em qualquer *software* de edição de texto.

Figura 2.6 – Estrutura da tablatura

```
E --------------------------------------------------
B --------------------------------------------------
G --------------------------------------------------
D --------------------------------------------------
A --------------------------------------------------
E --------------------------------------------------
```

Na figura, ao lado esquerdo de cada linha está a letra representativa da respectiva nota da corda solta. As linhas tracejadas nada mais são que uma sequência de hifens, os quais são substituídos pelo número das casas que devem ser tocadas. Veja o exemplo da Figura 2.7.

Figura 2.7 – Exemplo de tablatura

```
         Am              E13–/G#      C/G           D/F#
E |--------------5---7---------7----8---------8----2----------2-------------|
B |---------5--------------5---------------5----------------3---------------|
G |-----5-------------------5--------------5---------------2----------------|
D |--7---------------6---------------5-------------4------------------------|
A |-------------------------------------------------------------------------|
E |-------------------------------------------------------------------------|
```

> **Se ligue na batida!**
>
> O braço do violão é subdividido em casas que, *grosso modo*, são equivalentes a parte das teclas de um piano.

Como se pode perceber na Figura 2.7, o sistema de notação não expõe informações suficientes para que qualquer músico execute a peça. Ele funciona com violão e guitarra apenas. Além disso, o intérprete precisa conhecer a música para executá-la com precisão, já que a tablatura não registra qualquer informação rítmica.

Com toda a fragilidade desse sistema, sua facilidade de apreensão torna sua difusão considerável, principalmente entre os guitarristas. Assim sendo, a tablatura configura-se como uma das opções de notação para um grupo musical que contenha instrumentos de corda beliscada.

Além de violão e guitarra, o cavaquinho, o baixo, a viola caipira e o *ukulele* são instrumentos que podem utilizar esse sistema, desde que sejam feitas as devidas adequações no que se refere ao número de cordas e à afinação de cada um deles.

O ideal é que sempre seja incentivada a notação mais universal: a partitura. Assim, todos os integrantes do grupo terão condições de se comunicar na mesma linguagem. É sobre ela que trataremos na próxima seção.

2.2 Notas e claves

A notação da partitura musical convencional desenvolve-se com base em um recurso chamado *pentagrama* (Figura 2.8).

Figura 2.8 – Pentagrama

```
5 _____
4 _____ 4
3 _____ 3
2 _____ 2
1 _____ 1
linhas                    espaços
```

Também conhecido como *pauta musical*, o pentagrama é formado pelas cinco linhas horizontais e pelos quatro espaços entre elas. As linhas são enumeradas de um a cinco em sentido ascendente. O mesmo se aplica aos espaços, enumerados de um a quatro.

Somando as cinco linhas aos quatro espaços, tem-se à disposição a possibilidade de representação de nove alturas sonoras. Entretanto, para músicas com mais notas, foram criadas as **linhas suplementares** (Figura 2.9).

Figura 2.9 – Linhas suplementares

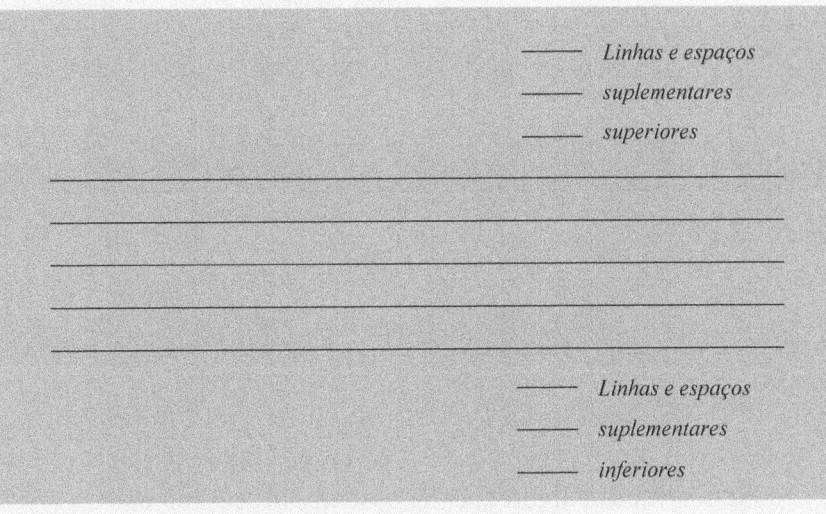

——— *Linhas e espaços*
——— *suplementares*
——— *superiores*

——— *Linhas e espaços*
——— *suplementares*
——— *inferiores*

As linhas suplementares são segmentos menores de linha utilizados apenas para suprir uma necessidade momentânea da escrita. Quando há uma nota cuja representação ultrapassa o limite inferior ou superior do pentagrama, é possível lançar mão desse recurso apenas naquele momento. Pode-se utilizar quantas linhas forem necessárias, respeitando-se a clareza da partitura. Os espaços gerados pelas linhas suplementares também são usados para representar notas musicais.

Apesar de as linhas e os espaços serem utilizados para representar notas musicais, isso somente é possível após a determinação da posição de uma nota de referência. O elemento que cumpre esse papel é chamado de *clave*.

Há três **claves** mais utilizadas. Elas marcam a posição das notas Fá, Dó e Sol. Esse processo ocorre conforme representado na Figura 2.10.

Figura 2.10 – Claves e notas musicais

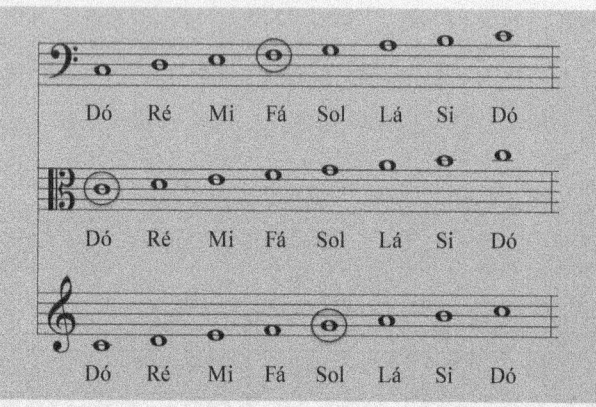

Tomemos como exemplo a clave de Sol. A figura que a representa é uma letra G estilizada. O início da sua grafia ocorre na segunda linha do pentagrama. Por essa razão, seu emprego determina que a nota Sol ocupe essa posição. A partir da posição da nota Sol, os espaços e as linhas anteriores e posteriores podem ser preenchidos, encontrando-se, assim, a posição das outras notas musicais.

Em geral, a clave de Sol é a mais utilizada, especialmente em instrumentos agudos como a flauta, o violino, a mão direita do piano, as vozes contralto e soprano. Também é empregada para o violão, ainda que este soe uma oitava abaixo. Alguns editores alertam isso na partitura, assinalando o número oito abaixo da clave de Sol – o que acontece, também, com algumas partituras para vozes de tenores.

> **Se ligue na batida!**
>
> Oitava abaixo significa oito notas mais graves do que a nota de referência, seguindo a ordem da escala. Se partirmos da nota Dó, pela escala de Dó Maior, em sentido descendente, passaremos por Si, Lá, Sol, Fá, Mi, Ré, e chegaremos a outra nota Dó, uma oitava abaixo da nota Dó de partida.

A clave determina a posição das notas no pentagrama, mas é preciso atentar para alguns cuidados com a representação das notas musicais.

A figura que representa uma altura sonora se chama, de modo geral, *cabeça de nota*. Seu formato, ao contrário do que muitos dizem, não é circular, mas elíptico. Além disso, há uma forma correta de posicionar a nota na linha ou no espaço, como demonstrado na Figura 2.11.

Figura 2.11 – Posicionamento das notas na pauta

Repare que a nota escrita no espaço deve ocupá-lo totalmente, tangenciando as linhas acima e abaixo. Já a nota escrita na linha deve estar centralizada sobre ela, ou seja, com porções iguais acima e abaixo.

Já explicamos, então, como representar uma altura sonora na pauta. A seguir, esclareceremos como são representadas as durações.

2.3 Figuras de duração e compasso

No sistema de notação convencional, os símbolos representativos da duração do som correspondem à combinação de três elementos fundamentais: (1) cabeça; (2) haste; (3) colchete (Figura 2.12).

Figura 2.12 – Elementos da nota musical

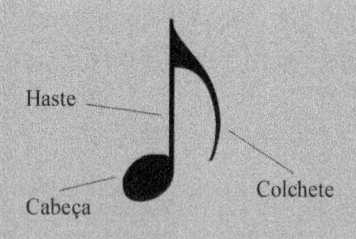

A **cabeça** da nota, como comentamos anteriormente, é uma elipse. Em alguns casos, ela é preenchida e inclinada, como no exemplo da Figura 2.12, e, em outros, ela fica na horizontal e é vazada. Em ambas as situações, se ela for grafada na linha, terá que ser bem centralizada, e, se escrita no espaço, necessitará tangenciar as linhas adjacentes. A cabeça vazada pode ser chamada de *branca* e a cheia, de *preta*.

A **haste**, por sua vez, é uma linha vertical que parte de uma das extremidades da cabeça da nota e tem comprimento equivalente à distância entre as linhas 1 e 4. Se a nota ocupar a porção inferior da partitura, ou seja, até a terceira linha, a haste estará acima e à direita da cabeça da nota. Se a nota estiver acima da terceira linha, a haste será posicionada abaixo e à esquerda da cabeça da nota. Observe o exemplo ilustrado na Figura 2.13.

Figura 2.13 – Disposição da haste

O comprimento da haste também pode variar em alguns casos específicos. Se as notas ocuparem linhas ou espaços suplementares, tanto superiores quanto inferiores, o comprimento da haste será maior para que a nota não perca conexão com a pauta (Figura 2.14).

Figura 2.14 – Comprimento da haste de notas em linhas e espaços suplementares

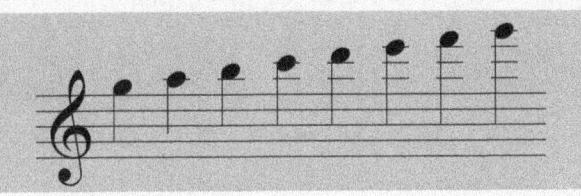

Note que, a partir da nota Si, no segundo espaço suplementar superior, a haste é estendida até a quarta linha da pauta.

Além disso, o comprimento da haste pode variar de acordo com o número de colchetes que a figura tiver (Figura 2.15).

Figura 2.15 – Comprimento da haste em função da quantidade de colchetes

O **colchete** é a forma consagrada para indicar a divisão, por múltiplos de 2, da duração da figura original. Um colchete indica a divisão por 2, dois colchetes, a divisão por 4, três colchetes, a divisão por 8, e assim sucessivamente. O colchete é sempre representado à direita da haste. Nos países anglófonos, esse elemento é chamado de *flag*, cuja tradução é "bandeira". Por esse motivo, é comum alguns músicos se referirem a ele como *bandeira* ou até *bandeirola*.

Quando numa partitura há notas sucessivas com colchetes, estes podem ser unidos, resultando numa linha horizontal de maior espessura entre as hastes (Figura 2.16).

Figura 2.16 – Ligação entre notas com colchetes

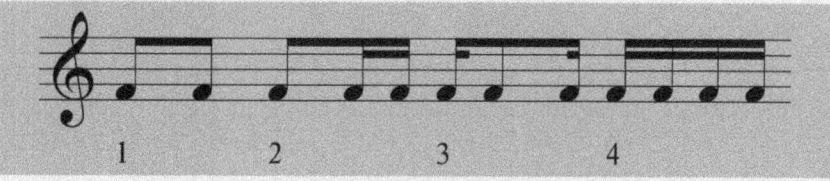

Normalmente, essa ligação entre notas com colchetes acontece apenas dentro de uma mesma unidade de tempo. Essa é uma prática que facilita a leitura, criando combinações entre figuras que acabam assumindo uma unidade rítmica reconhecível.

Na Figura 2.16, na primeira unidade de tempo, aparece a ligação entre duas notas com apenas um colchete. O resultado é apenas uma linha vertical. Já a segunda unidade de tempo representa a ligação entre uma nota com um colchete e duas notas com dois colchetes. Nesse caso, a segunda linha aparece somente entre a segunda e a terceira notas. No terceiro tempo, a nota com um colchete é deslocada para o meio e, assim, as notas das extremidades carregam apenas um segmento do segundo traço. No quarto tempo, todas as notas aparecem com dois colchetes; por essa razão, todas são unidas por duas linhas horizontais.

Tendo apresentado os elementos constitutivos da simbologia das notas musicais, podemos explicar como eles são combinados para obter os valores exatos de duração, necessários para a escrita musical. Observe a Figura 2.17.

Figura 2.17 – Figuras de duração

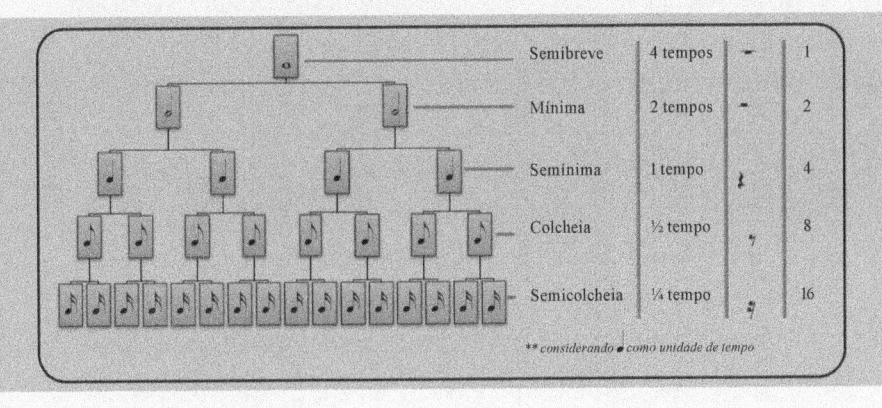

Semibreve	4 tempos	—	1
Mínima	2 tempos	—	2
Semínima	1 tempo	𝄽	4
Colcheia	½ tempo	𝄾	8
Semicolcheia	¼ tempo	𝄿	16

** considerando ♩ como unidade de tempo

Sempre que falamos de tempo em música, precisamos, antes de tudo, estabelecer uma unidade. Por isso, o primeiro detalhe a ser percebido na Figura 2.17 é o fato de estarmos considerando a **semínima** como tal. O segundo detalhe é que chamaremos as unidades de tempo simplesmente de *tempos*.

> ### Se ligue na batida!
>
> A unidade de tempo em música é a duração mínima padrão dos eventos sonoros que se repetem de maneira igual no decorrer da música ou trecho musical. Geralmente coincide com o pulso. Assim, para uma percepção preliminar, podemos dizer que, quando alguém, ao ouvir uma música, bate os pés, mexe o corpo e dança marcando o pulso, está reconhecendo a unidade de tempo. Considerar a semínima a unidade de tempo significa utilizar aquela figura para representar esse elemento musical. Para maior aprofundamento, sugerimos a leitura de Siqueira (2020b).

As cinco figuras representadas na imagem são as mais utilizadas, porém não são as únicas. Acima da **semibreve**, com o dobro da duração, há a **breve**. Abaixo das **semicolcheias**, com metade da duração, existem as **fusas**, e, abaixo destas últimas, também com metade da duração, vêm as **semifusas**. Seguindo o padrão lógico, fusas têm três colchetes e semifusas, quatro.

Na terceira coluna da Figura 2.17, ao lado da pirâmide de durações, encontram-se as figuras correspondentes à pausa, que podemos chamar de *pausa de semibreve*, *pausa de mínima*, e assim por diante. Os números contidos na terceira coluna correspondem à quantidade de figuras que cabem em um compasso de quatro tempos – o mais usado na música.

As figuras de duração estão diretamente ligadas ao estabelecimento da **fórmula de compasso**. Ela é escrita no início da partitura, depois da armadura de clave, e é composta por dois números alinhados e escritos um sobre o outro como na Figura 2.18.

Figura 2.18 – Representação da fórmula de compasso

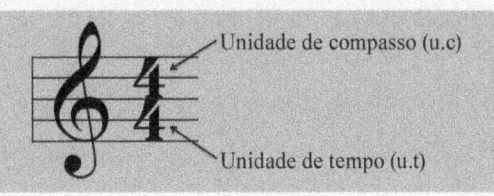

Unidade de compasso (u.c)
Unidade de tempo (u.t)

O número inferior representa a unidade de tempo, ou seja, determina a figura correspondente ao pulso da música. Cada figura é representada de acordo com um número, como expresso no Quadro 2.4.

Quadro 2.4 – Unidades de tempo

𝅝	Semibreve – 1
𝅗𝅥	Mínima – 2
𝅘𝅥	Semínima – 4
𝅘𝅥𝅮	Colcheia – 8
𝅘𝅥𝅯	Semicolcheia – 16

O número da figura de duração define-a como unidade de tempo na fórmula de compasso. As figuras de duração mais utilizadas são a mínima, a semínima e a colcheia, ou seja, os números 2, 4 e 8. A semibreve e a semicolcheia aparecem raramente como unidades de tempo nas armaduras de clave.

A **unidade de compasso**, representada pelo número superior da fórmula de compasso, indica a quantidade de unidades de tempo necessárias para preencher um compasso inteiro. O exemplo da Figura 2.18 indica que a unidade de tempo é a semínima e que, em um compasso, cabem quatro dessas figuras, ou unidades de tempo. O Quadro 2.5 apresenta algumas das fórmulas de compasso mais utilizadas na música.

Quadro 2.5 – Fórmulas de compasso mais utilizadas

Fórmula de compasso	Descrição
4/4	4 por 4. A unidade de tempo é a semínima, e a unidade de compasso é 4. Também pode ser representada pela letra C.
3/4	3 por 4. A unidade de tempo é a semínima, e a unidade de compasso é 3.
2/4	2 por 4. A unidade de tempo é a semínima, e a unidade de compasso é 2.
¢	2 por 2. A unidade de tempo é a mínima, e a unidade de compasso é 2.

A fórmula de compasso 4 por 4, também chamada de *compasso quaternário*, é bastante usada em diversos gêneros musicais. É tão difundida que serve de base para a nomenclatura das durações na língua inglesa. A semibreve, por exemplo, é chamada de *whole*, que significa "inteiro", justamente por preencher sozinha um compasso de 4 por 4.

O 3 por 4, que também pode ser chamado de *ternário*, é conhecido por ser a fórmula de compasso das valsas. Porém, há diversos estilos de músicas populares, como a guarânia e o chamamé, também construídas sobre compasso ternário.

O compasso 4 por 4, ou *binário*, é conhecido no Brasil por ser utilizado no samba e no choro, mas alguns estilos de músicas europeias, como a polca, também têm essa fórmula.

O compasso 2 por 2 também é binário, contudo é caracterizado como um binário mais lento. Trata-se da fórmula de compasso de estilos de músicas como a *toada*. Em geral, não é tão óbvio distinguir entre compassos 2 por 2 e 2 por 4. Somente com muita experiência em ler e escrever música isso se torna uma tarefa natural. A dificuldade, aliás, vai além dessa distinção, sendo comum compositores e arranjadores menos experientes confundirem compassos quaternários e binários.

As fórmulas de compasso que citamos até este ponto do texto têm subdivisão binária do tempo, uma vez que suas unidades de tempo podem ser subdivididas em frações múltiplas de dois, ou seja, metade, um quarto, um oitavo e assim por diante.

Outra informação importante é que as unidades de tempo coincidem com o pulso. Nas fórmulas com unidade de tempo igual a 4, os pulsos percebidos coincidem com as semínimas. Já naquelas com unidade de tempo igual a 2, os pulsos coincidem com as mínimas. Por essa razão, esses dois tipos de fórmula são classificados como *fórmulas de compasso simples*.

Ao contrário dessas, ou seja, quando a unidade de tempo não coincide com o pulso, há as chamadas *fórmulas de compassos compostos*. Esse tipo de compasso tem mais uma característica marcante: a subdivisão do pulso é ternária. Confira os principais tipos de compassos compostos na Figura 2.19.

Figura 2.19 – Compassos compostos

Nesses compassos, geralmente, a unidade de tempo é a colcheia, e o pulso é percebido como uma semínima pontuada - resultante da soma de três colcheias. Dos três exemplos indicados na Figura 2.19, o mais conhecido é o 12 por 8. A balada americana consiste em um dos estilos musicais mais representativos dessa fórmula de compasso.

Há, ainda, outro tipo de fórmula, empregado geralmente quando a unidade de compasso é igual ou superior a cinco. Nesses casos, é possível perceber que, em vez de se perceberem compassos com muitos pulsos, percebe-se uma alternância entre alguns compassos mais curtos, como o binário e o ternário. A eles dá-se o nome de *compassos alternados*. Veja o exemplo na Figura 2.20.

Figura 2.20 – Compassos alternados

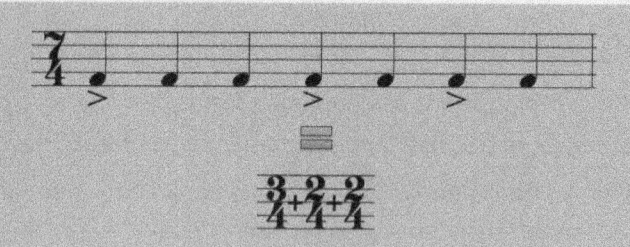

A Figura 2.20 mostra um compasso 7 por 4, comum, por exemplo na música grega. Se o músico pensar em agrupar os tempos de 7 em 7, tornará a leitura muito difícil. Os sinais de "maior que" (>)

contidos abaixo de algumas notas indicam acentuação, ou seja, aquelas notas soam mais forte. No exemplo, são acentuados o primeiro, o quarto e o sexto tempos. Como é natural o ouvinte perceber o primeiro tempo de cada compasso como o mais forte, é possível reescrever a fórmula de compasso como a soma de um compasso ternário e dois binários. A contagem dos tempos seria feita da seguinte forma: 1, 2, 3, 1, 2, 1, 2.

> **Audição livre**
>
> Um bom exemplo de compasso alternado é a música *Take Five* (1959), do saxofonista e compositor norte-americano Paul Desmond. Ouça esse tema e procure descobrir como o compasso de cinco por quatro foi dividido.
>
> Paul Desmond — Take Five. (2 min. 57 s). Disponível em: <https://www.youtube.com/watch?v=zq1ZgMSdYIc>. Acesso em: 19 out. 2020.

A definição da fórmula de compasso nem sempre é absoluta. Diversas composições irão gerar dúvidas, sobretudo em musicistas iniciantes. Entretanto, para uma boa prática em conjunto, é essencial que todos os envolvidos tenham a exata noção do esquema de tempo de cada música a ser executada.

2.4 Tonalidade

Quando alguém começa a aprender música, a primeira lição tende a ser o conhecimento das sete notas musicais. Posteriormente, o estudante descobre que estas podem ser alteradas, entendendo, então, que não são apenas sete as notas musicais, mas doze os sons usados para formar a música como a conhecemos. Todavia antes de seguir adiante com os estudos, é preciso entender a questão das alterações e os conceitos de tom e semitom.

As noções de **tom** e **semitom**, em música, estão relacionadas ao distanciamento entre notas musicais em termos de altura. Nesse sentido, o semitom pode ser definido como a menor distância entre duas notas musicais. Duas notas que guardam entre si a distância de dois semitons estão afastadas por um tom, sendo assim: um tom equivale a dois semitons.

Nessa perspectiva, as sete notas musicais que todos conhecem compõem o que se convencionou chamar de *escala diatônica*. Se verificarmos a distância entre duas notas, encontraremos o padrão indicado na Figura 2.21.

Figura 2.21 – Relação de tons e semitons da escala de Dó Maior

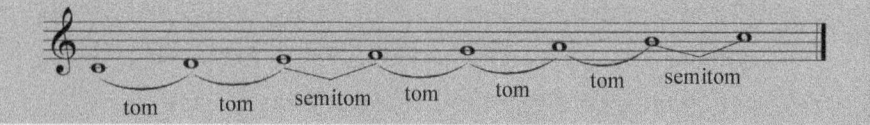

Observando a Figura 2.21, podemos inferir que, entre as notas Dó e Ré, Ré e Mi, Fá e Sol, Sol e Lá, e Lá e Si, existe um som intermediário, o que não ocorre entre Mi e Fá, e Si e Dó. Esse som intermediário recebe o nome de uma das duas notas adjacentes, acrescidas de uma alteração.

Quando partimos da nota Dó, por exemplo, o som adjacente antes da nota Ré pode ser chamado de *Dó sustenido*. Já se partíssemos da nota Ré em direção à nota vizinha à esquerda, chegaríamos ao *Ré bemol*.

Portanto, o sustenido (#) indica uma alteração na altura de um semitom acima da nota natural e o bemol (♭) sinaliza uma alteração na altura de um semitom abaixo da nota natural. Em outras palavras, o sustenido deixa a nota um semitom mais agudo e o bemol, um semitom mais grave.

Figura 2.22 – Símbolos do sustenido e do bemol

= + 1 semitom
♭ = - 1 semitom

> **Se ligue na batida!**
>
> Além das sete notas musicais que conhecemos – Dó, Ré, Mi, Fá, Sol, Lá e Si – existem mais cinco sons intermediários, totalizando doze sons musicais, ou notas, possíveis. Isso é válido para o sistema musical ocidental tradicional. No piano, esses sons intermediários correspondem às teclas pretas.

A escala sem alterações, que chamamos de *diatônica*, também é conhecida como *escala de Dó Maior*. O que define que uma escala como maior é a relação entre as notas, obedecendo a sequência TTSTTTS (tom, tom, semitom, tom, tom, tom, semitom). Uma música construída com o uso dessas sete notas estará, também, na tonalidade de Dó Maior. Ao escolher outras sete notas do universo de doze, mantendo a regra de formação da escala maior, estabelece-se outra tonalidade, como na Figura 2.23.

Figura 2.23 – Escala de Ré Maior corrigida

Repare que, para obter a relação TTSTTTS da escala maior, quando a escala de Ré é construída, é necessário corrigir as notas Fá e Dó, deixando-as um semitom mais agudo com o emprego do sustenido.

Ao se definir uma tonalidade, as alterações decorrentes dos ajustes necessários podem aparecer no início da partitura, logo após a clave. É o que se chama de *armadura de clave*. Ela pode ser entendida como uma convenção no início da pauta, indicando as notas que serão alteradas de forma recorrente.

Figura 2.24 – Escalas de Ré e Fá Maior com armaduras de clave

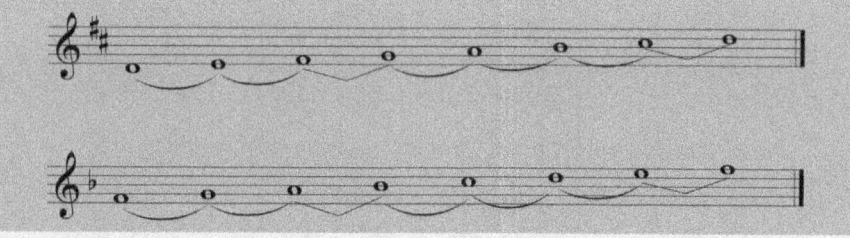

Nos exemplos da Figura 2.24, estão as escalas de Ré Maior e Fá Maior escritas com uso da armadura de clave. A alteração não fica ao lado da nota, deixando a escrita mais "limpa". Todas as músicas escritas nessas tonalidades passam pelo mesmo tratamento.

O aprofundamento na teoria da música permite ao estudante ou ao musicista determinar a tonalidade de uma música apenas olhando para a armadura de clave. Uma dica de como as determinar facilmente, no caso das armaduras formadas por sustenidos é identificar o acidente mais à direita do grupo e acrescentar um semitom.

Também há uma forma simples de determinar a tonalidade de uma armadura de clave formada por bemóis. Entretanto, primeiro é necessário decorar a armadura de clave com apenas um bemol, correspondente à escala de Fá maior. Daí em diante, ao visualizar o penúltimo acidente acrescentado na armadura de clave, encontra-se exatamente a tonalidade correspondente. Verifique essas técnicas na Figura 2.25.

Figura 2.25 – Armaduras de clave das tonalidades maiores

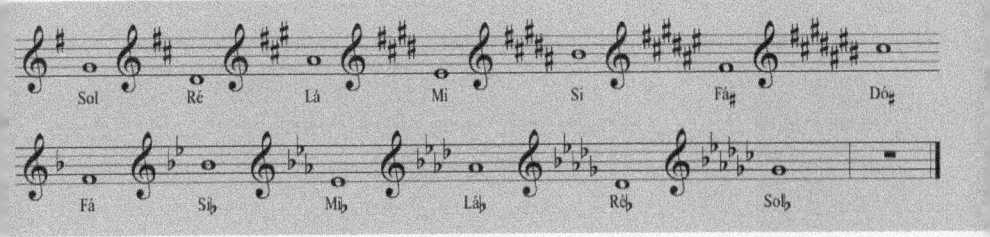

Observando a Figura 2.25, especificamente as armaduras de clave formadas por sustenidos, nota-se que o acidente mais à direita de cada armadura é sempre um semitom mais grave do que o nome da tonalidade indicado na parte inferior da pauta. Na primeira armadura, a nota alterada é o Fá# e a tonalidade, um semitom acima, Sol Maior. Na segunda armadura, a nota alterada mais à direita é o Dó# e a tonalidade, um tom acima, Ré. E assim segue até a tonalidade de Dó# Maior.

Ainda na Figura 2.25, é possível verificar a regra para a determinação de tonalidades a partir de armaduras de clave com bemóis. Parte-se do conhecimento prévio de que a armadura com um bemol indica a tonalidade de Fá Maior. Na segunda armadura, existem dois bemóis, sendo que o segundo bemol mais à direita está na nota Si ♭, indicando que a tonalidade é Si Bemol Maior. Na armadura seguinte, o segundo bemol mais à direita está na posição da nota Mi, indicando que a tonalidade é Mi Bemol Maior. A mesma regra se observa até o final do pentagrama, na tonalidade de Sol bemol maior.

Tudo isso resolve a determinação da tonalidade, caso ela seja maior. Se percebermos que a música está em modo menor, basta considerar o sexto grau da tonalidade, chamado de *relativo menor*. Isso significa que a tonalidade relativa menor de Dó é Lá Menor, de Ré é Si Menor, de Fá é Ré Menor, e assim por diante.

Definir a tonalidade de uma música é essencial nas práticas em conjunto para a concepção coletiva de arranjos e, sobretudo, para improvisos. Além disso, é uma das primeiras constatações da análise musical – importante ferramenta para melhor compreensão e, consequentemente, execução da música.

2.5 Simbologia musical

Até aqui abordamos alguns elementos básicos da simbologia musical. Com eles, já é possível representar alturas e durações sonoras. Também explicamos como determinar as tonalidades das músicas com os símbolos estudados. Todavia, os elementos sonoros representados pela partitura abrangem mais que alturas e durações dos sons. Abordaremos a seguir alguns desses elementos e seus respectivos símbolos.

Assim como as alturas, as durações das notas podem ser alteradas. Há duas formas de fazer isso: por meio de ligaduras ou de pontos de aumento.

A **ligadura** é um arco que liga a cabeça de duas notas e que indica a soma de suas durações. Se as notas tiverem suas hastes voltadas para cima, o arco estará posicionado abaixo do conjunto, do contrário, estará acima (Figura 2.26).

Figura 2.26 – Ligadura

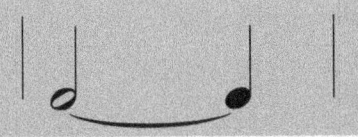

Uma ligadura sempre une duas notas, mas em algumas situações podem ser necessárias diversas ligaduras sucessivas. Nesses casos, a duração resultante é igual à soma das durações de todas as notas envolvidas.

Se as notas ligadas apresentam algum acidente, o sinal de alteração da altura é posicionado somente ao lado da primeira, sendo indiferente o fato de elas estarem ou não localizadas no mesmo compasso (Figura 2.27).

Figura 2.27 – Acidentes e ligaduras

O **ponto de aumento**, cuja função é aumentar a duração da nota em metade do próprio valor, é sempre grafado ao lado direito da cabeça da nota. Na Figura 2.28, há uma mínima, que equivale a dois tempos, considerando a unidade de tempo igual à semínima. A metade da duração da mínima equivale a um tempo, e a mínima pontuada representada nesse exemplo totaliza três tempos. Uma semínima pontuada equivale a uma semínima ligada a uma colcheia e tem um tempo e meio de duração.

Figura 2.28 – Ponto de aumento

Mais de um ponto de aumento pode ser utilizado para alterar a duração de uma nota. O segundo ponto representa um aumento de metade da duração adicionada pelo primeiro à nota original, ou seja, se forem aplicados dois pontos de aumento a uma mínima, o primeiro ponto acrescenta uma semínima, e o segundo soma uma colcheia à nota original, sendo a duração da nota alterada de dois para três tempos e meio.

Outro elemento a se registrar na partitura diz respeito às variações de intensidade, chamadas de *dinâmica*. Os símbolos mais elementares de dinâmica consistem em letras minúsculas, em itálico, escritas na parte inferior da pauta. As mais recorrentes são as indicadas na Figura 2.29.

Figura 2.29 – Sinais básicos de dinâmica

fff	Molto fortíssimo / fortississimo
ff	Fortíssimo
f	Forte
mf	Mezzo forte
mp	Mezzo piano
p	Piano
pp	Pianíssimo
ppp	Molto piano / pianississimo

As letras são as iniciais de palavras em italiano. *Piano* quer dizer "fraco" e *forte* é um cognato. *Mezzo* significa "meio", mas podemos entender como "quase". Assim *mp* pode ser interpretado como "quase fraco", e *mf*, como 'quase forte". Depois, essa graduação apresenta três níveis de *forte* e três de *piano*, mas há compositores que extrapolam tanto os limites superiores quanto os inferiores.

Há, ainda, a possibilidade de acrescentar outras palavras, também em italiano, para refinar as instruções. Por exemplo, *molto* **f** quer dizer "muito forte", **p** súbito indica que a música deve ficar fraca subitamente, *più* **f** significa "mais forte", entre outras possibilidades.

Além dessas variações pontuais de dinâmica, é possível representar na partitura variações graduais.

Figura 2.30 – Exemplo de variação gradual de dinâmica

No exemplo da Figura 2.30, consta uma frase musical de três compassos. Na parte inferior da pauta, aparecem as indicações pontuais de dinâmica. Na parte superior, há um sinal gráfico, popularmente chamado de *garfo*, que indica variação gradual de dinâmica.

O primeiro garfo indica que a intensidade cresce e é chamado de *crescendo*. O segundo garfo indica uma variação decrescente de dinâmica; por isso, é chamado de *decrescendo* ou *diminuendo*. Ambos os sinais podem ser trocados pelas palavras *crescendo* e *decrescendo* ou *diminuendo*, ou, ainda, por suas abreviações *cresc.*, *decresc.* ou *dim*.

Além disso, as indicações de **expressão** e **articulação** também são elementos importantes para a interpretação musical e têm uma simbologia própria. Alguns deles estão apresentados no Quadro 2.6.

Quadro 2.6 – Sinais de expressão

Símbolo	Nome
V (sobre nota)	Marcato
> (sobre nota)	Acento
– (sobre nota)	Tenuto
• (sobre nota)	Staccato
sfz	Sforzato
fp	Forte-piano
tr	Trinado

O sinal em forma da letra V com nome *marcato* indica que a nota deve ser tocada vigorosamente e depois atenuada. Tem relação com a energia com a qual se produz o som.

O sinal de *acento*, representado por uma figura similar ao "maior que" da matemática, indica que, dentro de um contexto melódico, aquela nota deve soar mais forte do que as outras.

O *tenuto*, representado por um pequeno traço vertical logo acima da cabeça da nota, indica que esta deve ter sua intensidade constante. Sons musicais têm um *decrescendo* natural que na acústica é chamado de *decaimento*. O *tenuto* indica justamente que isso deve ser evitado.

Staccato significa "destacado", "separado". Ao se empregar essa expressão, espera-se que o intérprete encurte a duração da nota, separando-a da nota seguinte. O contrário de *staccato* é *legato*, que significa "ligado", o qual também é um recurso expressivo.

O termo *sforzato* quer dizer "reforçado" e demanda que a nota seja atacada com muita força.

A indicação *forte-piano* orienta que o som deve ser produzido com força, mas, logo em seguida, deve se passar a *piano* subitamente. É uma dinâmica de nota que não pode ser produzida por alguns instrumentos devido ao *piano* súbito. Os instrumentos como os da família dos violinos, os de sopro e a voz humana conseguem executar essa dinâmica com precisão.

Por último, o *trinado* é obtido alternando-se rapidamente entre a nota representada na pauta e uma das vizinhas. O trinado integra uma categoria expressiva denominada *ornamentos*.

Além dos sinais apresentados, há símbolos que servem para organizar melhor a partitura e evitar que sejam reescritas as partes repetidas da música. O **ritornelo** é composto de dois pontos, uma barra de compasso de espessura normal e outra grossa (Figura 2.31). Quando esses três elementos estão dispostos nessa ordem, da esquerda para a direita, indica-se a repetição do trecho musical que delimita. Se somente esse sinal – composto por dois pontos, linha fina e linha grossa – aparecer primeiro na partitura, a instrução é voltar para o início e repetir toda a música. Ao passar novamente pelo *ritornelo*, deve-se seguir adiante.

Figura 2.31 – *Ritornelo*

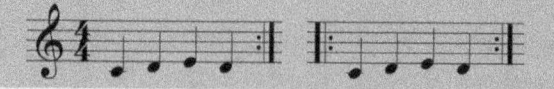

Se o compositor ou arranjador desejar repetir um trecho intermediário da música, ele terá que indicar por meio de *ritornelo* espelhado – formado por barra grossa, barra fina e dois pontos. Ao atingir o *ritornelo* em posição original, volta-se ao espelhado.

As repetições integrais são comuns na música, contudo é também recorrente que o final das frases, ou de trechos musicais mais longos, tenham terminações diferentes. Para esses casos, a solução é o uso de **casas de finalização**, como exposto na Figura 2.32.

Figura 2.32 – Casas de finalização

No exemplo da Figura 2.32, há as casas 1 e 2. Na casa 1, a melodia termina na nota Sol e, na casa 2, termina em Dó. Ao tocar essa melodia, o intérprete lê os compassos 1 e 2. Quando chega ao *ritornelo*, volta para o início e lê os compassos 1 e 3, pulando o segundo. Ao atingir o terceiro compasso, na casa 2, a leitura segue adiante normalmente.

A simbologia da escrita musical é bem mais extensa do que podemos aqui detalhar. Há livros canônicos nessa área com centenas de páginas. De qualquer modo, muito se aprende na prática, no convívio com outros músicos e na resolução dos problemas que se apresentam nessa atividade. O importante é nunca perder a noção da importância da leitura musical e considerar que ela consiste em um processo de aprendizado contínuo, tanto do professor quanto do aluno.

▷▷ Resumo da ópera

Neste capítulo, diferenciamos cifras, tablaturas e partituras.
Ao tratar especificamente sobre as cifras, apresentamos as tríades Perfeita Maior, Perfeita Menor, Aumentada e Diminuta. Mostramos o sistema de letras para simbolizar os acordes, além da representação dos acordes menores diminutos aumentados. Discorremos sobre a cifragem de acordes com sétimas maiores e menores, nonas, décima primeira e décima terceira. Além disso, expusemos a representação de acordes com inversão.

Depois, discutimos as particularidades da tablatura, evidenciando que essa notação serve apenas para instrumento específico para o qual foi escrita – na maioria dos casos, guitarra ou violão.

Na sequência, listamos noções da leitura musical de partitura. Apresentamos o pentagrama com suas linhas e espaços, além das linhas e espaços suplementares inferiores e superiores. Depois, mostramos os principais tipos de clave: clave de Sol, clave de Fá e clave de Dó. Explicitamos como são representadas as notas musicais na pauta, bem como os elementos que as compõem. Além disso, oferecemos quadro com as principais figuras rítmicas: semibreve, semínima, mínima, colcheia e semicolcheia.

Também demonstramos como são concebidas as fórmulas de compasso e distinguimos compassos binário e ternário, os mais recorrentes na música.

Em acréscimo, conceituamos tonalidade e esclarecemos como a determinar a partir da armadura de clave.

Por fim, apresentamos mais alguns símbolos importantes de notação musical, como os de alteração de duração, alteração de altura, dinâmica, alguns de articulação e, também, de organização da partitura.

Teste de som

1. Sobre tablaturas, analise as proposições a seguir:
   I) É um sistema de notação universal, ou seja, pode ser lido para se tocar qualquer instrumento.
   II) É um sistema de notação que serve aos instrumentos de corda.
   III) Cada linha corresponde a uma corda do instrumento.

   Agora, assinale a alternativa que apresenta todas as proposições corretas:

   a) I.
   b) I e II.
   c) II e III.
   d) I e III.
   e) I, II e III.

2. Considere a seguinte progressão harmônica (sequência de acordes):

   C7M | Dm7(9) | F7M | Fm6 ||

Esses acordes apresentam quatro ou cinco notas. Sobre quais tríades eles são construídos?

a) PM, Pm, PM e dim.
b) PM, PM, PM e Pm.
c) Aum, Pm, Aum e Pm.
d) PM, Pm, PM e Pm.
e) Aum, dim, Aum e dim.

3. As cifras A/G, D/F#, Dm6/F, G/B indicam acordes:
    a) maiores.
    b) invertidos.
    c) com tensão.
    d) menores.
    e) duplos.

4. A nota Dó3 está em que posições, respectivamente, nas claves de Sol e de Fá?
    a) Terceira linha e primeira linha suplementar superior.
    b) Terceira linha e segundo espaço.
    c) Segunda linha e primeira linha suplementar superior.
    d) Segunda linha e primeira linha suplementar superior.
    e) Primeira linha suplementar superior e segundo espaço.

5. Qual figura tem duração inferior a uma colcheia?
    a) Semicolcheia.
    b) Mínima.
    c) Semibreve.
    d) Semínima.
    e) Breve.

Treinando o repertório

Pensando na letra

1. Apresentamos pelo menos três formas de notação musical neste capítulo. É bem comum que violonistas e guitarristas utilizem apenas cifras e tablaturas. Imagine que você montou um conjunto musical com instrumentos bem diversificados, incluindo violão e guitarra. Você tentaria convencer os violonistas e guitarristas a aprender partitura? Por quê? Se a resposta for sim, como os convenceria?

2. A partitura é um método de notação musical que contempla uma grande variedade de instrumentos. Também é utilizada em grupos de canto. Sabendo disso, responda: Quais conhecimentos mínimos sobre leitura musical um integrante de um grupo vocal precisa ter?

Som na caixa

1. Elabore um resumo de teoria musical em uma lauda, abrangendo informações sobre: pentagrama, claves, alturas no pentagrama, figuras de duração, fórmulas de compasso, armaduras de clave, alterações de altura e duração, e o que mais julgar pertinente. Mantenha esse material sempre atualizado em seu portfólio e disponível para impressão, pois poderá auxiliar você, seus alunos ou colegas a compilar os estudos musicais.

Capítulo 3
REPERTÓRIO MUSICAL E DOMÍNIO PÚBLICO

No Capítulo 1, tratamos de aspectos gerais da seleção de obras para um conjunto musical. No capítulo que iniciamos agora, abordaremos aspectos particulares e alguns tipos de repertório.

Na primeira parte, discutiremos sobre a seleção de repertório de diferentes épocas, gêneros e estilos, parâmetros possíveis para definir a escolha do repertório de um grupo. Em seguida, comentaremos aspectos importantes sobre a escolha de repertório de música infantil, assim como daquele composto por cantigas de roda.

No que diz respeito à seleção de obras, discorremos sobre um tema muito importante, os direitos autorais. Reconhecendo as especificidades desse tema, é possível evitar problemas ao escolher músicas de domínio público, por essa razão, listaremos alguns compositores nacionais cujas músicas encontram-se em domínio público.

3.1 Repertório de diferentes épocas, gêneros e estilos

Ao se selecionar um repertório para um grupo musical, algum elemento deve conferir uma unidade temática, uma linha condutora entre as peças integrantes da seleção musical. Uma das formas de se ter uma linha mestra é escolher uma época, um gênero, um estilo específico para balizar a seleção das músicas.

A delimitação fundamentada em um período histórico proporciona que os integrantes da prática em conjunto conheçam mais profundamente músicas de diferentes épocas. Novamente, cabe ao coordenador do projeto contextualizar os sons com o momento histórico, com a situação daquela sociedade, com o contexto geográfico, entre outras variáveis.

Refazer o percurso histórico da música também pode contribuir para a progressão do nível de dificuldade do repertório, conforme comentamos no Capítulo 1. Pode-se começar com as monodias do canto gregoriano, passando pelo contraponto que tem início com o cantochão, pela música modal do período medieval, passando pelo barroco, pelo classicismo, pelo romantismo, até chegar no século XX, no qual os integrantes do conjunto se depararão com a complexidade da música contemporânea.

A incursão histórica pode dar-se dentro de um único século, como o século XX. Ela pode acontecer inclusive em um país específico, como o Brasil, começando com o choro no início do século passado, abrangendo o maxixe que ditou as bases do samba e pelas décadas de 1940 e 1950 que são tidas como os "anos perdidos", mas que na verdade foram ricas, chegando aos anos 1960 com o surgimento da bossa nova e, mais no fim da década, da Música Popular Brasileira (MPB). Pode-se ir até os anos 1970 com a explosão da *black music* e com as variações do samba, como o samba-*rock* e o samba-*funk*, ou até a década de 1980 com fortalecimento do *rock* nacional e o surgimento do *pop*, e assim por diante.

Mesmo que seja delimitado um período histórico, na definição de um repertório de época, é necessário, ainda, fazer outras escolhas. A seguir, citamos alguns exemplos.

Em 26 de abril de 2017, a Orquestra Jovem Acadêmica, da Academia Livre de Música e Artes (Alma), promoveu, no Teatro Dom Pedro II, em Ribeirão Preto, o concerto *Alma do romantismo* (Alma, 2017). O repertório foi o seguinte:

- Johann Strauss – Abertura da ópera *O morcego*
- Felix Mendelsohn – *Sinfonia 10*
- Benjamin Britten – *Simples Symphony*
- Johannes Brahms – *Liebeslieder Walzer*

Considerando-se a história da música, o repertório selecionou, sim, obras de autores relevantes do período, mesmo sem contemplar Richard Wagner e Ludwig van Beethoven. O repertório é adequado para uma orquestra de universitários, mas provavelmente teria nível de dificuldade muito alto para alunos do ensino básico.

Quando se fala em gênero e estilo musical, antes de mais nada é preciso distinguir esses dois termos. Segundo Ceia (2020), gênero é a

> forma de classificação dos textos literários, agrupados por qualidades formais e conceituais em categorias fixadas e descritas por códigos estéticos, desde a Poética de Aristóteles e os tratados de retórica de Horácio, Cícero e Quintiliano, até as modernas monografias sobre teoria da literatura.

Deve-se tomar cuidado, porém, com a definição de gênero em música. Ele, tal qual na literatura, diz respeito a um grupo de obras musicais com características formais e de conteúdo semelhantes. No entanto, a classificação adotada no cotidiano muitas vezes privilegia o interesse midiático em detrimento de padrões científicos e acadêmicos. É o que defende Janotti Junior (2006) quando afirma que os gêneros musicais são constituídos não só por regras técnicas e formais, mas também por regras econômicas e semióticas. Consideremos o exemplo do sertanejo universitário. Por suas características musicais, ele não configuraria um novo gênero. É ainda a mesma música sertaneja dos anos 1990 dotada de uma produção musical mais urbana e letras apartadas do ambiente rural, dos rodeios e do bucolismo que lhe era peculiar. Desse modo, cria-se um movimento de cunho comercial que não poderia ser definido como um novo gênero, mas a sociedade assim o faz.

Um gênero musical pode ser subdividido em estilos. O forró, por exemplo, é um gênero oriundo do nordeste do Brasil, dentro do qual transitam diversos tipos, ou estilos, de música. Xote, baião, côco e xaxado são exemplos de estilos musicais que compõem o gênero forró. Da mesma forma, o gênero samba ramifica-se em diversos estilos como samba de roda, samba de breque, gafieira, partido alto, pagode, samba exaltação, entre outros.

Desse modo, diferenciar gênero de estilo é uma questão de teoria dos conjuntos, ou seja, trata-se de definir o que está contido em quê. De qualquer forma, para a definição de um repertório, basta reunir um conjunto de músicas com características formais e de conteúdo semelhantes, geralmente produzidas em determinada época. Assim, a linha condutora da escolha do repertório pode ser um gênero musical, que, em geral, contém variados estilos musicais integrantes de um conjunto maior, como nos casos citados (do forró e do samba).

3.2 Repertório infantil

Quando propõe uma prática em conjunto para crianças da educação básica, sobretudo as do 1º ao 5º ano, o responsável pelo projeto deve tomar o cuidado de incluir no repertório algumas composições que façam parte do universo infantil. Mas que tipos de música pertencem a esse universo após duas décadas de século XXI?

Com a popularização dos dispositivos eletrônicos, como *tablets* e *smartphones* com acesso à internet, desde muito cedo as crianças têm acesso ao conteúdo que essas tecnologias disponibilizam. Ao final da segunda década de século XXI, as crianças já não esperam mais pela programação que a TV lhes oferece. Crianças com menos de 3 anos já sabem procurar seus canais favoritos na plataforma YouTube e, assim, escolher a programação que mais lhes agrada.

Felizmente, embora haja muita programação imprópria para essas crianças, há também muitas pessoas dedicadas a desenvolver material adequado para elas. Em alguns casos, canções tradicionais do universo infantil são revisitadas, relidas e disponibilizadas novamente ao público com uma roupagem contemporânea. Um caso representativo dessa tendência é o canal Bia & Nino (2020), que adapta canções infantis tradicionais aos estilos musicais brasileiros. Canções como *Caranguejo peixe é*, *A barata diz que tem*, *A dona aranha*, *A linda rosa juvenil* e *Alecrim dourado* ganham arranjos delicados, em que o violão é o protagonista de adaptações para sambas, toadas, xotes e baiões, por exemplo.

Há também grupos, como o Palavra Cantada (2020), que produzem materiais para o universo temático da criança, mas primando pelo cuidado com a musicalização. As canções desse grupo envolvem brincadeiras com ritmos, alturas, palavras e outros sons que certamente podem contribuir para a formação musical das crianças.

Esse repertório infantil, a um só tempo, novo e antigo deve ser de conhecimento do educador musical e do coordenador das práticas em conjunto, pois, com base nele, é possível deflagrar o processo de identificação da criança com o repertório.

As músicas do repertório infantil são, em geral, de pouca complexidade rítmica e melódica, o que pode ajudar a alavancar um projeto de conjunto musical. Além disso, as melodias que valorizam graus conjuntos e de extensão menor que uma oitava são de fácil apreensão. Isso possibilita a memorização, permitindo à criança tocar determinada música de cor, algo que, principalmente no início das práticas, pode deixá-la mais à vontade.

Para servir de parâmetro para esse tipo de seleção musical, citamos o exemplo de *Se essa rua fosse minha*, uma canção tradicional de amor, cuja origem é controversa. Pesquisadores, como Carolina Vigna-Marú, relatam que a música tem autoria desconhecida, do final do século XIX, e é inspirada no amor entre a Princesa Isabel e o Conde d'Eu, seu marido, que teria mandado calçar a rua Paissandu, que ligava o Palácio da Guanabara à residência imperial, para sua esposa melhor caminhar (Vigna-Marú, 2011). Já o historiador Milton Teixeira acrescenta informações a essa história, defendendo que o compositor da canção foi Carlos Gomes (Virgílio, 2011). Diversos compositores fizeram adaptações dessa canção, uma das mais conhecidas é atribuída a Mário Lago e Roberto Martins. No portal da Associação Brasileira de Música e Artes (Abramus, 2020), uma das entidades responsáveis pelo cadastro de fonogramas e distribuição dos direitos autorais no Brasil, há 28 registros de gravações de *Se essa rua fosse minha*, alguns indicando "domínio público" no campo "autores" e outros indicando o nome das pessoas que fizeram adaptações. De fato, muitas gerações cresceram ouvindo essa música e a melodia dela muitas vezes é ensinada e aprendida pela transmissão oral. Assim, na Figura 3.1, apresentamos a partitura que transcrevemos a partir da melodia transmitida de forma oral.

Figura 3.1 – *Se essa rua fosse minha*

[Partitura musical: "Se essa rua, se essa rua fosse minha, eu mandava, eu mandava ladrilhar, com pedrinhas, com pedrinhas de brilhantes, para o meu, para o meu amor passar." Cifras: Am, E, E, Am, Am, A7, Dm, E, E7, Am]

3.3 Cantigas de roda

As cantigas de roda fazem parte do universo infantil há muito tempo. Elas poderiam ser comparadas a um brinquedo musical, canções de curta duração com temática infantil e brincante. Normalmente vinculadas a coreografias, gestos e outros movimentos corporais, as cantigas de roda podem ganhar tratamento de música tradicional e receber arranjos musicais variados. Essa ideia fez parte do projeto de educação musical de Heitor Villa-Lobos, quando ele produziu diversos arranjos para cantigas de roda tradicionais brasileiras. Um exemplo clássico, e ainda muito cantado em diversos corais brasileiros, é a música *Rosa amarela*, da qual reproduzimos um excerto da partitura na Figura 3.2.

Figura 3.2 – *Rosa amarela*

[partitura musical: O-lha a rosa/a-ma-re-la, ro-sa, tão bo-ni-ta/e tão be-la ro-sa. O-lha a ro-sa/a-ma...]

Fonte: Villa-Lobos, 2016.

Apesar de se tratar de um arranjo para coral a quatro vozes, uma formação instrumental também pode executar esse arranjo. Um grupo misto, vocal e instrumental, com instrumentos tocando as mesmas linhas melódicas das vozes também funciona bem nesse caso.

Além de arranjos prontos, como os de Villa-Lobos, o coordenador do grupo pode arranjar outras cantigas de roda, ou mesmo sugerir que o grupo crie arranjos coletivos. Seguem algumas sugestões de canções nas Figuras 3.3, 3.4, 3.5 e 3.6.

Figura 3.3 – *Marcha soldado*

Folclore brasileiro

Figura 3.4 – *Peixe vivo*

Folclore brasileiro

Figura 3.5 – *Ciranda, cirandinha*

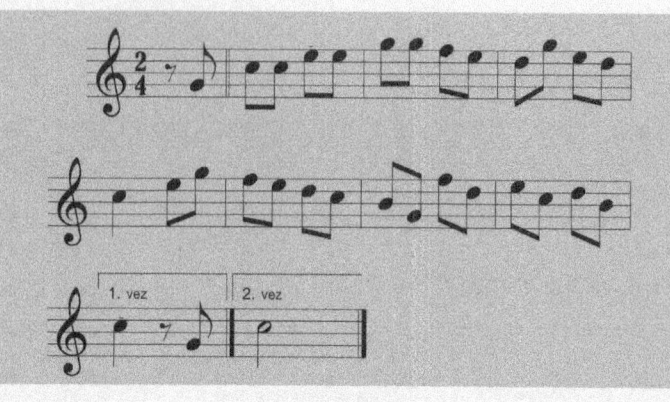

Figura 3.6 – *O cravo brigou com a rosa*

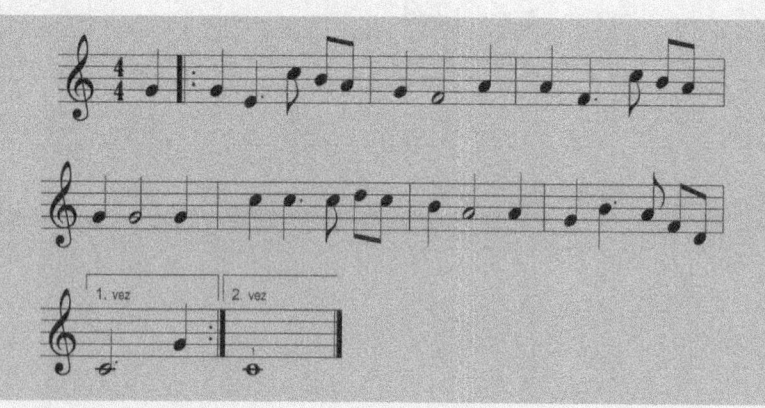

Além dos pontos positivos que destacamos no uso desse tipo de repertório para a prática em conjunto, outra vantagem é que as cantigas de roda estão livres de direitos autorais, não gerando custos extras para reprodução ou gravação. Explicaremos um pouco mais sobre isso na seção a seguir.

3.4 Domínio público

Quando se faz referência a domínio público, está se discutindo propriedade intelectual. O autor de obras literárias, musicais, científicas, de artes plásticas, entre tantas outras, é, naturalmente, o detentor de direitos autorais desse material. Toda obra intelectual, cujo autor seja possível de identificar, guarda direito autoral.

O fato de a obra não ter autor definido não significa que ela não pertença a alguém. Ela pertence ao público, por essa razão, diz-se que ela é de *domínio público*.

Há outras formas de a obra autoral passar ao domínio público. Se o autor assim desejar, pode fazê-lo por meio expresso. Além disso, a lei brasileira de direitos autorais determina que as obras intelectuais entrem em domínio público 70 anos após a morte do autor. Mais adiante exporemos alguns detalhes dessa legislação.

Passar ao domínio público diz respeito apenas aos direitos econômicos, ou seja, a obra passa a ter sua reprodução livre, sem ônus para aqueles que quiserem utilizá-la. No entanto, os direitos morais, aqueles que designam a pessoa que concebeu a obra, são intransferíveis e irrevogáveis. As obras de Mozart, por exemplo, ainda são de autoria dele, embora sejam de domínio público.

A Lei de Direitos Autorais brasileira é a Lei n. 9.610, de 19 de fevereiro de 1998 (Brasil, 1998), cujo objetivo foi alterar, atualizar e consolidar a legislação sobre direitos autorais no Brasil. Quanto ao domínio público, ela determina a passagem da obra a este *status* após 70 anos da morte do autor, contados a partir do dia 1º de janeiro do ano posterior ao falecimento. Sendo assim, no primeiro dia de todos os anos, diversas obras entram em domínio público automaticamente.

Esse tempo em que perdura o direito patrimonial da obra varia conforme o país. Em geral, os países signatários da Convenção de Berna de 1886 determinam o período de 70 anos. Em outros países, o tempo é de 50 anos (Brasil, 2020).

> **Audição livre**
>
> O governo federal mantém, na *internet*, um portal que abriga diversas obras que pertencem ao domínio público. Nele, além de ouvir músicas consagradas, é possível encontrar, por exemplo, a obra completa de Machado de Assis, ou, então, um vasto número de partituras de música erudita brasileira, poesias de Fernando Pessoa, obras de Joaquim Nabuco, entre tantas outras. Vale a pena ter esse endereço eletrônico em seus favoritos e navegar pelo *site* em busca de obras que lhe interessem.
>
> BRASIL. **Portal domínio público**. Disponível em: <http://www.dominiopublico.gov.br>. Acesso em: 20 out. 2020.

Porém, como registrado em Brasil (2020), verificar todas as obras que entram no domínio público não é uma tarefa fácil:

> O acervo disponível para consulta neste endereço eletrônico (http://www.dominiopublico.gov.br) é composto, em sua grande maioria, por obras que se encontram em domínio público ou obras que contam com a devida licença por parte dos titulares dos direitos autorais pendentes.

A recente alteração trazida na legislação que trata de direitos autorais do Brasil (Lei n. 9.610, de 19 de fevereiro de 1998; que revogou a Lei n. 5.988, de 14 de dezembro de 1973), que alterou os prazos de vigência dos direitos autorais; bem como as diferentes legislações que regem os direitos autorais de outros países; trazem algumas dificuldades na verificação do prazo preciso para que uma determinada obra seja considerada em domínio público. (Brasil, 2020)

Mesmo assim, é seguro consultar o referido portal em busca de partituras para o conjunto musical que se pretende formar.

Outra estratégia para evitar problemas relativos a direitos autorais é buscar músicas da tradição oral de culturas diversas. Em Curitiba, o Projeto Música dos Povos, do professor Plínio Silva, desenvolve um trabalho muito consistente com esse tipo de repertório. Três grupos já foram formados: Bayaka, Omundô e Terra Sonora – sendo que este último é o mais antigo e o único ainda em atuação. Mais de uma centena de pessoas já passaram pelo projeto e, além de aprenderem música com a prática em conjunto, conheceram aspectos de diversas culturas do mundo (Siqueira, 2013).

Um exemplo de música de domínio público é uma canção tradicional da África do Sul, que foi cantada como uma espécie de hino contra o *Apartheid*, regime separatista sul-africano que caiu em 1994 e contra o qual lutou Nelson Mandela.

Figura 3.7 – *Nkosi Sikeleli Africa*

Essa música dificilmente será encontrada em partitura. O arranjo constante na Figura 3.7 consiste em uma transcrição de um *show* de Paul Simon, com diversos artistas africanos convidados. Em determinado momento, eles entoam a canção *a capella* e o público todo acompanha. Depois da transcrição, foi feita uma adaptação para coro feminino, que pode ser executada por crianças.

> **Se ligue na batida!**
>
> Cantar *a capella* é o mesmo que cantar sem acompanhamento de instrumentos. Nesse estilo de interpretação musical, somente há vozes.

Mas não é preciso ir tão longe para encontrar músicas de domínio público para o repertório dos grupos. Segundo Bastião (2012, p. 64),

> O projeto Música do Brasil (2000), coordenado pelo antropólogo Hermano Viana, veio também contribuir para ampliar o repertório de músicas tradicionais, mediante o registro do trabalho de mais de cem grupos musicais, percorrendo 80 mil quilômetros do território nacional. Registrou-se uma variedade de gêneros musicais em quatro CDs, foram gravados quinze programas de TV e editado um livro com fotografias.

O acesso a esse repertório se dá por meio da aquisição do livro *Música do Brasil*, de Hermano Vianna e Ernesto Baldan (Vianna; Baldan, 2000). Algumas das gravações contidas no CD podem ser encontradas na plataforma YouTube.

Além dessas possibilidades, o Instituto Memória Musical Brasileira (IMMuB) também mantém em seu *site* uma grande quantidade de fonogramas de domínio público. São mais de 250 CDs e LPs disponíveis e que podem auxiliar na elaboração de repertórios.

3.5 Compositores nacionais com obras de domínio público

Agora que esclarecemos o significado de domínio público, mencionaremos as possibilidades disponíveis aos proponentes e coordenadores de conjuntos escolares considerando-se os compositores do Brasil.

Nascido em Campinas, Antônio Carlos Gomes (1836-1896) foi o primeiro compositor orquestral brasileiro reconhecido na Europa e, até hoje, é considerado um dos principais autores brasileiros de música (Mammi, 2001). Além da sua consagrada ópera *O Guarani*, Carlos Gomes também se valeu da cultura popular brasileira em suas composições e oferece possibilidades de repertório em domínio público.

Nascido no Rio de Janeiro, Noel de Medeiros Rosa, o Noel Rosa (1910-1937), foi um dos protagonistas do surgimento do samba no início do século XX (Máximo; Didier, 1990). Muitas de suas canções são passíveis de se tocar em conjuntos escolares, como a consagrada *Feitiço da vila* (Figura 3.8).

Figura 3.8 – *Feitiço da vila*

Fonte: Rosa; Vadico, 2014.

Francisca Edwiges Neves Gonzaga, a Chiquinha Gonzaga (1847-1935), nasceu no Rio de Janeiro e tem sua história diretamente ligada à do choro (Diniz, 2005). Além disso, venceu as limitações impostas às mulheres na sociedade de sua época e tornou-se compositora, instrumentista e maestrina.

Uma das composições mais conhecidas de Chiquinha Gonzaga é *Lua branca*, cuja partitura consta na Figura 3.9.

Figura 3.9 – *Lua branca*

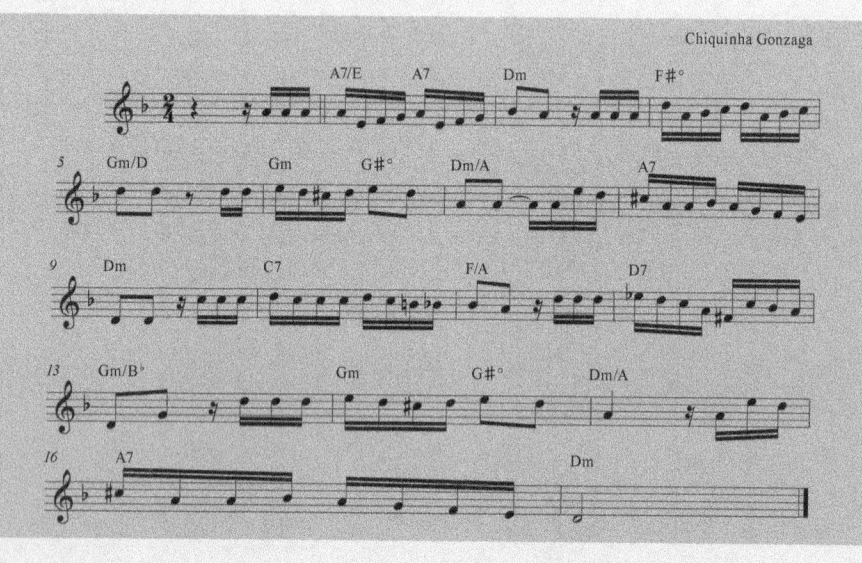

A composição de Chiquinha Gonzaga carrega consigo uma história, no mínimo, peculiar. Composta em 1911 para a opereta *Forrobodó*, a modinha era cômica e tinha o título de *Siá Zeferina*. Originalmente, o personagem Escandanhas suplica pelo amor de Zeferina na primeira parte da música. Na repetição, Zeferina despreza-o, alegando má reputação de Escandanhas (Peixoto; Bettencourt, 1961).

Em uma exibição, alguém na plateia ouviu a canção e resolveu escrever uma nova letra, prática comum na época. A canção passou a chamar-se *Lua de Fulgores*, começou a circular e tornou-se amplamente conhecida. Chiquinha Gonzaga logo reclamou a autoria da canção por meio de processo de plágio e teve seus direitos garantidos. Contudo, ao que parece, acatou a ideia do plagiador e, mais tarde, reeditou a música com uma letra serena, sob o título de *Lua branca*, tal como a conhecemos hoje (Acervo digital Chiquinha Gonzaga, 2020).

Há um grande conjunto de compositores brasileiros cujas obras estão em domínio público. No portal Domínio Público (Brasil, 2020), fazendo-se uma busca, selecionando o tipo de mídia como texto, e digitando "partitura" no campo referente ao título da obra, encontram-se mais de 1.300 partituras de compositores brasileiros e estrangeiros. Com essa ferramenta, não há empecilho para o professor que procura repertório de domínio público.

▷▷ Resumo da ópera

Neste capítulo, discutimos sobre repertório e domínio público. Em um primeiro momento, versamos sobre repertório de diferentes épocas, gêneros e estilos. No aspecto cronológico, destacamos a importância desse tipo de seleção musical, por trazer a ambientação sonora de diferentes períodos da história, além de proporcionar um conhecimento mais prático sobre diversas músicas de diferentes épocas.

Em seguida, diferenciamos gênero e estilo em suas especificidades musicais, concluindo que diversos estilos estão contidos em um gênero musical.

Abordando o repertório infantil, destacamos a importância de trabalhar músicas feitas para crianças e com crianças. Citamos exemplos de partituras de canções tradicionais e mencionamos como referência grupos contemporâneos que se dedicam a fazer música infantil.

Na sequência, assinalamos que obras de domínio público são aquelas sem autor definido ou cujo autor tenha falecido há mais de 70 anos. Nessa esteira, referimos canções tradicionais de diferentes locais do mundo e mencionamos o acervo do portal Domínio Público, assim como o site do Instituto Memória Musical Brasileira (IMMuB), no qual se encontram diversas composições de domínio público.

Além disso, citamos alguns compositores nacionais cujas obras pertencem ao domínio público, como Noel Rosa, Carlos Gomes e Chiquinha Gonzaga. Somente esses três já proporcionam um rico repertório para grupos musicais.

Teste de som

1. Se partido alto, samba de roda e samba de breque são estilos musicais, o samba é:
   a) uma espécie.
   b) um gênero.
   c) uma categoria.
   d) uma subdivisão.
   e) um estilo também.

2. O compositor brasileiro Heitor Villa-Lobos faleceu em 17 de novembro de 1959. O que se pode afirmar a respeito da obra dele com relação ao domínio público?
   a) Entrou em domínio público em 17 de novembro de 2009.
   b) Entrará em domínio público em 17 de novembro de 2029.
   c) Entrou em domínio público em 1º de janeiro de 2009.
   d) Entrará em domínio público em 1º de janeiro de 2030.
   e) Entrou em domínio público logo após a morte do compositor.

3. Assinale a alternativa correta sobre a escolha do repertório em função de diferentes épocas:
   a) Não é uma prática comum.
   b) É dificultada pela falta de partituras.
   c) Propicia ao aluno um conhecimento prático das sonoridades do passado.
   d) Está caindo em desuso.
   e) É recomendável por ser de fácil execução.

4. Entre as opções listadas a seguir, quais obras são consideradas de domínio público no Brasil?
   a) Obras com mais de 70 anos de lançamento.
   b) Obras com mais de 50 anos de lançamento.
   c) Obras cujos compositores faleceram há mais de 50 anos.
   d) Obras gravadas antes de 1970.
   e) Obras sem autoria definida.

5. Qual dos seguintes compositores brasileiros tem suas obras em domínio público?
   a) Carlos Gomes.
   b) Tom Jobim.
   c) Caetano Veloso.
   d) João Gilberto.
   e) Chico Buarque.

Treinando o repertório

Pensando na letra

1. O samba é, reconhecidamente, um gênero musical brasileiro e, dentro dele, há estilos diferentes. Pesquise sobre três tipos de samba, ouça exemplos, toque os ritmos básicos, mesmo que em instrumentos improvisados, contextualize cada um deles e, por fim, escreva um curto texto a esse respeito.

2. Acesse o portal Domínio Público e faça a seguinte pesquisa: escolha "texto" como o tipo de mídia e no campo "Título" escreva "partitura". Navegue pelas partituras disponíveis, baixe as que lhe interessarem e reflita: Quais são as características das obras selecionadas por essa busca? Quais conclusões você pode tirar dessa pesquisa para futuras escolhas de repertório?

BRASIL. Portal Domínio Público. Disponível em: <http://www.dominiopublico.gov.br>. Acesso em: 20 out. 2020.

Som na caixa

1. Relacione dez canções infantis que julgue adequadas para trabalhar com o ensino fundamental 1 (de 6 a 10 anos de idade). Procure ou escreva as partituras. Esse será seu repertório de partida para futuros conjuntos musicais com essa faixa etária. Se desejar, faça o mesmo para outras faixas etárias.

Capítulo 4
CONJUNTOS VOCAIS

Quando se faz referência a conjuntos vocais, a primeira ideia que pode vir à mente do ouvinte é a da prática coral. Contudo, neste capítulo, demonstraremos que o coro é apenas uma das possibilidades da prática vocal em grupo.

Acredita-se que um dos primeiros registros da atividade humana de cantar em grupo é uma pintura encontrada na caverna de El Cogul, na Espanha, datada da período pré-histórico (Ataíde, 2010).

Já no início da Era Cristã, havia grupos de cantores responsáveis por entoar os cantos da igreja. O local onde esses grupos ficavam era chamado de *chorus*, que, em grego, significa justamente "um grupo de pessoas que canta e dança em determinado lugar"(Sadie, 1994).

Desse modo, deu-se o nome de *coro* ao grupo vocal tradicional concebido por meio das práticas litúrgicas. Tudo o que é relativo a coro é designado como *coral*. Portanto, a prática é coral, mas o grupo em si denomina-se *coro*.

É possível planejar uma prática de conjunto vocal como um coro tradicional, a qual pode acontecer *a capella* ou com acompanhamento. Pode-se cantar em vozes ou em uníssono. Normalmente, a técnica vocal utilizada é lírica, também chamada de erudita.

Se um proponente ou organizador considerar a formação de um grupo que cantará com acompanhamento e utilizará o repertório da música popular, bem como uma técnica de canto popular, além de trabalhar a voz em longos trechos em uníssono, formará um grupo vocal – que, geralmente, conta com menos integrantes do que um coro. Contudo, caso o coordenador ou organizador do conjunto dispense completamente o acompanhamento instrumental, deixando a cargo das vozes as bases harmônicas e rítmicas, explorando outros recursos e possibilidades vocais, além das técnicas tradicionais de canto, poderá criar uma banda vocal.

Seja qual for a escolha, alguns cuidados e providências devem ser tomados pelo professor para que bons resultados sejam alcançados.

4.1 Técnica vocal

Já indicamos que não há uma técnica vocal específica a ser trabalhada com os cantores. Há, na realidade, diversas **técnicas vocais**, cada uma passível de ser direcionada a um estilo musical específico.

Coros eruditos podem utilizar a técnica do *bel canto*, criada na Itália no século XVII para suprir a demanda da ópera. Já para coros populares é possível utilizar técnicas mais naturalistas, que aproximam o canto da fala, ou mesclá-las com técnicas eruditas para alcançar maior projeção vocal. Alguns grupos podem, ainda, desejar a voz anasalada dos cantos de lavadeiras, e outros, o potente *belting* dos musicais da *Broadway*.

Há diversos caminhos, mas é necessário que seja escolhido apenas um. O grupo deve ter uma técnica vocal unificada para poder soar como uno, e não como vários cantores solistas digladiando-se. As vozes precisam combinar, em um processo que muitos regentes chamam de *timbragem*.

A timbragem vocal é um conceito sensorial de unidade sonora de um conjunto de vozes. Timbrar não equivale a igualar os timbres dos cantores – o que seria impossível –, mas a combinar os diversos timbres entre si. Unificar as técnicas de canto dos membros de um conjunto vocal mostra-se a solução mais simples e rápida a ser adotada.

Além do trabalho para combinar vozes, os cantores precisam ter conhecimento de como sua própria voz é produzida e quais os cuidados necessários para que ela tenha um funcionamento adequado. Esse é papel da fisiologia da voz.

A matéria-prima para a produção da voz é o ar. Não aquele que o indivíduo inspira, mas o que expira dos pulmões. Por esse motivo, os cuidados com a respiração são essenciais. Resumindo, esta deve ser controlada pelo diafragma; porém como este é um músculo involuntário, seu controle é feito pelos músculos adjacentes, sobretudo os abdominais. Trata-se do que se chama de *respiração abdominal*, ou *diafragmática*. Ao respirar, o cantor não deve movimentar os ombros. Se isso ocorrer, é sinal de que a respiração dele é torácica e limitante para o canto.

Depois de adotada a respiração correta, o ar encaminha-se para a laringe. Lá, ele encontra um par de músculos designados *pregas vocais*. Estas têm dois movimentos possíveis: o de adução e o de alongamento. O primeiro é o mais utilizado na fala. No canto, ele é responsável pela produção da denominada *voz de peito*. Quando o par de músculos fecha, reduzindo a passagem do ar, as pregas vibram e produzem o som – processo conhecido como *fonação*. O movimento de alongamento também faz o estreitamento da prega vocal, o que permite a produção de sons mais agudos, chamados de *falsete* ou *voz de cabeça*.

Depois de ser produzido na prega vocal, o som precisa ser amplificado por meio de processos de ressonância. O primeiro ressonador é a laringe, que consiste em um tubo cartilaginoso e ósseo revestido de músculos e mucosa. A faringe – tubo que interliga o fundo da boca com o nariz, com a laringe e com o esôfago – também funciona como um elemento de ressonância.

A boca também atua como ressonador – as técnicas vocais buscam ampliar seus espaços internos para aumentar as possibilidades de intensidade e timbre. Além disso, os ossos do crânio, as fossas nasais, o nariz, os dentes, enfim, todas as partes do corpo podem atuar como ressonadores e contribuir para a emissão de uma voz forte e presente.

Agora que esclarecemos o funcionamento da voz, listamos os cuidados que devem ser tomados para manter a saúde vocal:

- Evitar choque térmico, que pode causar microssangramentos e prejudicar a saúde vocal.
- Não usar substância que relaxe a musculatura, como relaxantes musculares, álcool e drogas, pois a falta de tônus nos músculos da laringe pode tornar necessário um esforço além do normal, causando danos à musculatura.
- Não consumir ou reduzir o consumo de café e outras bebidas que ressecam a mucosa, pois é essencial que o aparelho fonador se mantenha bem lubrificado.
- Beber água em temperatura ambiente.
- Manter boa saúde, inclusive garantindo o sono sempre em dia.
- Vestir roupas confortáveis para cantar.
- Ingerir maçã antes de cantar, pois ela atua na limpeza da boca e das regiões próximas à laringe, impedindo que substâncias muito viscosas atrapalhem o canto.
- Evitar, se possível, pigarrear, tossir e espirrar, ações que podem causar lesão na prega vocal.

- Evitar ingerir alimentos que contenham açúcares e derivados de leite próximo a apresentações e ensaios, pois engrossam o muco e podem prejudicar o canto.
- Não se expor a competição sonora, pois esforços vocais para se fazer ouvir em ambientes muito ruidosos podem causar danos.

Esses são alguns dos cuidados que o professor de canto deve ter com a própria voz e orientar aos cantores. A seguir, comentaremos outros aspectos que contribuem para a formação um bom conjunto vocal.

4.2 Música *a capella*

O termo italiano *a capella* designa músicas feitas à maneira das que são cantadas em capelas, ou seja, aquelas somente com vozes, sem o apoio de outros instrumentos musicais.

A voz pode ser considerada o instrumento musical natural dos seres humanos. Desde seu primeiro suspiro, um recém-nascido já é capaz de produzir sons por meio da vocalização. É possível supor que fazer música apenas com o uso da voz foi um processo natural em muitas sociedades. No entanto, como não podemos contar a história da qual não se tem registro, iniciamos nossa abordagem com o canto gregoriano.

Estima-se que o canto gregoriano surgiu entre os séculos III e IV. Possivelmente com origem nos recitativos da liturgia da igreja, esse tipo de canto consiste em apenas uma melodia entoada por homens, versando sobre tema religioso. Concebido com finalidade litúrgica, o estilo busca uma uniformidade técnica tamanha que, muitas vezes, o resultado sonoro parece conter apenas uma voz repleta de sons harmônicos.

Com o passar dos anos, os cantos litúrgicos receberam acréscimos de outras linhas melódicas e ganharam maior diversidade harmônica. Essa tendência extrapolou os limites da igreja e chegou à música profana, propiciando o surgimento do gênero madrigal, entre os séculos XIII e XVI. Madrigal era o nome dado tanto ao conjunto vocal quanto ao tipo de música que esse grupo cantava. A técnica vocal dos madrigais é um pouco mais clara do que a do canto gregoriano, ou seja, mais rica em harmônicos agudos do que graves. Os grupos de madrigal não passavam de duas dúzias de cantores que se apresentavam em locais públicos.

O período barroco, que sucedeu a época de surgimento dos madrigais, pode ser considerado um momento de revolução dos instrumentos musicais. Grandes orquestras foram formadas e, para acompanhá-las, grandes coros também foram criados.

No entanto, a música *a capella* nunca se apartou totalmente de seu local de nascimento, ou seja, da igreja. Ali, ela subsistiu enquanto a pressão sonora das grandes formações instrumentais fazia as técnicas de canto evoluírem no sentido de buscar uma maior projeção, além de criar a necessidade crescente de aumentar o número de integrantes dos coros, até o surgimento do coro sinfônico, cujo marco é a Nona Sinfonia de Ludwig van Beethoven.

O que possibilitou uma nova saída da música *a capella* das igrejas foi o desenvolvimento de sistemas de gravação e amplificação sonora. Os pequenos grupos *a capella* que subsistiam nas igrejas poderiam, então, apresentar-se em locais mais amplos, com o auxílio de sistemas de som, além de gravar suas próprias músicas.

Grupos nascidos em igrejas protestantes norte-americanas, como o Take 6, conquistaram o público e a música *a capella* ganhou novo fôlego. Surgiram, também, as bandas vocais como o israelense The Voca People, o alemão Viva Voce e o brasileiro BR6, que procuram simular a sonoridade de uma banda *pop* por meio das vozes.

Cantar *a capella* pode ser considerado um desafio para os cantores inexperientes. A falta de referência instrumental pode gerar fragilidade na formação do grupo. Por outro lado, combater esse problema consiste em um ótimo desafio, e vencê-lo gera benefícios imensuráveis em termos de percepção musical e afinação.

Um grupo vocal *a capella* necessita de um ambiente ideal para apresentação, com reverberação similar à de uma igreja ou precisa de equipamentos de sonorização de boa qualidade, incluindo um microfone para cada cantor. Isso gera outras demandas, como o acompanhamento de um técnico de som para fazer as regulagens corretas.

Outra questão que torna a música *a capella* desafiadora é a necessidade de que as vozes estejam sempre contemplando as notas dos acordes, sob pena de resultar num certo esvaziamento harmônico da peça.

Em muitos grupos corais, ocorre que parte do repertório é cantada com acompanhamento de instrumentos e algumas músicas são feitas *a capella*. É uma estratégia a se considerar, pois leva em conta os benefícios que a prática *a capella* pode proporcionar e não sobrecarrega os integrantes com um excesso de músicas desafiadoras.

4.3 Tessituras

Todo cantor, assim como todo instrumento, tem uma nota mais grave e uma mais aguda que consegue produzir. Esse intervalo é chamado de *extensão*. As notas limítrofes, tanto para o grave quanto para o agudo, tendem a ter qualidade sonora comprometida. Assim, o intervalo que a voz ou instrumento alcança de forma a preservar a qualidade do som é chamado de *tessitura*.

A medida da tessitura depende do ouvido e do bom senso do regente do conjunto vocal. Isso equivale a definir até que nota a voz pode contribuir com o grupo de forma completamente empírica.

A voz tem algumas tessituras padronizadas mundialmente. As vozes femininas, da mais aguda para a mais grave, são classificadas como *soprano*, *mezzosoprano* e *contralto*. Já as masculinas, da mais aguda para a mais grave, são classificadas como *tenor*, *barítono* e *baixo*.

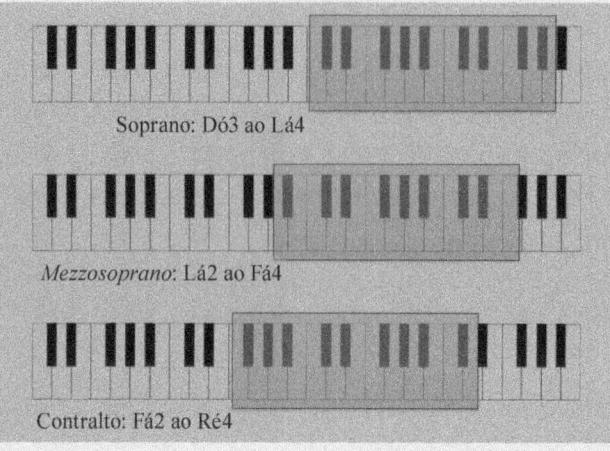

Figura 4.1 – Tessitura das vozes femininas correlacionada ao piano

Soprano: Dó3 ao Lá4

Mezzosoprano: Lá2 ao Fá4

Contralto: Fá2 ao Ré4

Figura 4.2 – Tesitura das vozes masculinas correlacionada ao piano

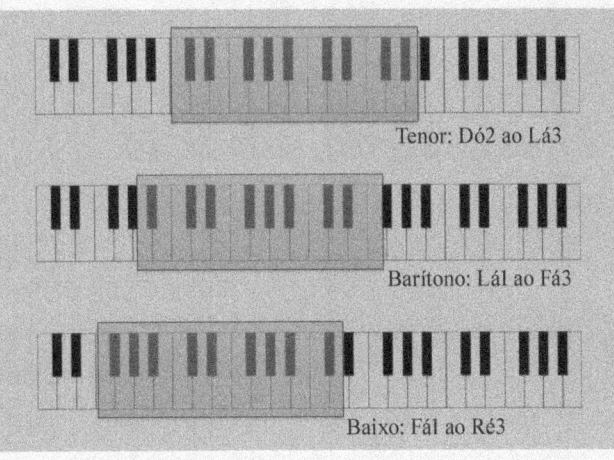

Tenor: Dó2 ao Lá3

Barítono: Lá1 ao Fá3

Baixo: Fá1 ao Ré3

Para determinar as tessituras, o regente deve avaliar os cantores um a um. Esse procedimento pode se dar por meio de um *vocalise*, o qual deve ser transposto, para o grave e para o agudo, semitom por semitom, até que sejam identificados os limites da tessitura.

Há regentes que preferem utilizar, em vez de um *vocalise*, um trecho musical de alguma canção conhecida, como *Asa Branca*, de Humberto Teixeira e Luiz Gonzaga (1947). Esse procedimento se justifica porque muitos cantores não utilizam a voz da mesma forma nos *vocalises* e na prática do canto. Com um fragmento musical, nesse caso, as possibilidades de acerto aumentam.

Dificilmente um conjunto vocal formado por crianças do ensino básico contém vozes representantes das seis tessituras. Normalmente, as possibilidades limitam-se a duas ou três. Na prática do canto em grupo, a definição das tessituras acaba formando os naipes do grupo. Provavelmente, dentro da faixa etária que estamos considerando, você encontrará apenas sopranos, *mezzos* e contraltos, sendo que os meninos, antes da mudança vocal relativa à idade, podem cantar como contraltos.

4.4 Aquecimento, afinação e execução de repertório vocal

O canto é uma atividade que depende de um elevado número de músculos do corpo: os músculos da laringe, que produzem som; os do abdômen, envolvidos na respiração; os da perna, que mantêm os cantores em pé; os da face, que articulam as palavras; enfim, o corpo todo atua na produção da voz cantada.

Assim sendo, o canto pode ser considerado uma atividade física que faz uso do corpo inteiro, tal como um esporte. Esse é um argumento que pode ser utilizado para justificar o aquecimento para os pequenos cantores.

O aquecimento vocal, é bom termos em mente, pouco ou nada tem a ver com temperatura. Sua função é preparar o corpo para cantar. Há uma grande diferença entre o uso da voz para falar e para cantar; portanto, essa conversão por meio do aquecimento é essencial.

Ademais, os exercícios de *vocalises* ajudam a melhorar a afinação do grupo e dos cantores individualmente, além de preparar os cantores para vencer os desafios que o repertório do ensaio lhes reserva.

O aquecimento vocal tem três fases: (1) o preparo do corpo; (2) o preparo da respiração; (3) o preparo da voz em si.

O **preparo do corpo** consiste em exercícios de alongamento voltados aos músculos envolvidos no canto. Nessa fase, é possível também trabalhar aspectos de expressão corporal, como caminhar ocupando o espaço, comunicar-se por meio do olhar com outras pessoas e usar atividades lúdicas que envolvam movimentação, comunicação e expressão.

A segunda fase, relativa aos exercícios de **respiração**, tem como objetivo lembrar o cantor da respiração abdominal. Além de exercícios com essa finalidade, outros, visando medir e aumentar a capacidade respiratória, podem ser acrescidos. Aos exercícios de respiração também é possível agregar o trabalho rítmico, fazendo os alunos emitirem sons de "x", "s" e "f" em ritmos variados.

Somente depois de cuidar do corpo e da respiração, inicia-se o trabalho vocal de fato. Essa parte também tem sua sequência para atingir os resultados desejados. Os *vocalises* devem seguir, primeiro, uma progressão intervalar, ou seja, é possível começar com *vocalises* que utilizam a extensão de segunda maior, depois partir para os de terça, de quinta e, por último, de oitava, ou até mais, conforme a necessidade.

Pode-se começar com exercícios de *bocca chiusa*, aqueles com a boca fechada, mas buscando ampliar o espaço interno da cavidade oral, entoando as notas musicais. Em seguida, é viável aplicar exercícios de vibração, aqueles em que o cantor emite o som das consoantes "tr" ou "br" acrescidos de altura sonora.

Os exercícios de vibração funcionam, em parte, como um alongamento para a musculatura intrínseca da laringe. Por outro lado, a vibração faz resíduos de alimentos e outras substâncias indesejadas presentes na mucosa se desprenderem, promovendo, dessa forma, uma limpeza no trato vocal.

Os *vocalises* posteriores devem seguir uma progressão em relação às vogais. Pode-se começar com a vogal *a*, por ser o som que uma pessoa é capaz de fazer de forma mais relaxada possível. A partir dela, segue-se para o *u* – a vogal que tenciona mais os lábios – e, depois, para o *i* – a vogal que tenciona mais a língua.

Também é possível incluir exercícios com outras finalidades no aquecimento vocal, dependendo das demandas do repertório. Na Figura 4.3, a seguir, disponibilizamos uma sugestão de sequência de *vocalises*.

Figura 4.3 – Aquecimentos

4.5 Grupos vocais brasileiros

Um ponto importante para as práticas musicais consiste nas referências. É recorrente pessoas dizerem que começaram a tocar certo instrumento inspirados por determinado músico. Inconscientemente, o estilo acaba passando do mestre ao pupilo, e aquele que antes era ídolo se torna referência. Assim, se a ideia do professor proponente é fazer música vocal, terá suas referências e, em nosso país, há algumas que são relevantes.

Os conjuntos vocais, ou grupos vocais, alcançaram projeção no Brasil na década de 1930. Entretanto, nesse momento inicial, eles exercem mais a função de acompanhamento para os cantores do que um protagonismo musical. Um exemplo disso é o grupo Bando da Lua, que acompanhava a cantora Carmem Miranda.

Com o surgimento da bossa nova na década de 1960, alguns grupos como Os Cariocas, Quarteto em Cy e MPB4 destacaram-se no cenário musical. Nesse período, os grupos vocais já tinham seus próprios discos e shows.

O grupo **Os Cariocas** surgiu em 1942, obviamente, no Rio de Janeiro. Formado por Ismael Neto, Severino Filho, Emanuel Furtado – também conhecidos como Badeco, Waldir Viviani e Jorge Quartarone, ou Quartera –, o conjunto precedeu o nascimento da bossa nova, e gravou outros estilos musicais representativos das décadas de 1940 e 1950. As gravações de *Valsa de uma cidade* (1950) e *Qui nem jiló* (1949) foram importantes nesse período. Além de composições de Ismael Neto, na década de 1950, o grupo chegou a gravar canções juninas, como *Baile na roça* e *Pula fogueira* (1952).

Ismael Neto faleceu prematuramente em 1956. Era compositor e o cantor com a voz mais aguda no grupo. Em seu lugar, a cantora Hortência Silva, irmã de Severino Filho, passou a integrar o grupo. Após a morte de Ismael Neto o grupo gravou o disco *Os Cariocas a Ismael Neto*, o qual incluía a faixa *Chega de Saudade* (1958), composta por Tom Jobim e Vinícius de Moraes, canção que definitivamente inseriu o grupo no universo da bossa nova. Logo o grupo passou a interpretar músicas icônicas desse movimento, como *Samba do avião* (1962), *Samba de uma nota só* (1962), *Insensatez* (1963) e *Garota de Ipanema* (1962).

Ao final da década de 1960, o grupo separou-se e voltou a reunir-se somente no final da década de 1980. Desde então, Os Cariocas permaneceu atuante no cenário da música popular brasileira, até o falecimento do maestro Severino Filho, em 2016.

Esse grupo vocal utilizava acompanhamento instrumental, normalmente composto por bateria, baixo, piano e violão – formação que se consagrou como banda-base para a música popular brasileira desde a bossa nova. Por ser composto apenas por vozes masculinas e apresentar arranjos concebidos de modo semelhante aos feitos para grupos mistos, uma das características marcantes de Os Cariocas foi o canto em falsete de um dos cantores para atingir a tessitura de soprano.

Desse modo, Os Cariocas foi pioneiro e certamente inspirou outros conjuntos vocais, como o **MPB4**.

Formado na efervescência da bossa nova, em 1964, a formação inicial do MPB4 contava com Miltinho, Magro Waghabi, Aquiles e Ruy Faria. Naquela época, os integrantes desse quarteto vocal também faziam parte do Centro Popular de Cultura, ligado à União Nacional dos Estudantes (UNE). Apesar de suas influências musicais diversas, havia uma referência em comum: Os Cariocas.

Em 1965, os integrantes do MPB4 conheceram jovens artistas, como Chico Buarque e Nara leão, também ligados a movimentos estudantis, o que os levou a inserir no repertório as músicas de protesto. A participação do grupo nos festivais da década de 1960 também foi marcante e os tornou nacionalmente conhecido.

O arranjo de *Roda viva* (1967), de Chico Buarque, demonstra toda a versatilidade do quarteto. Em determinados trechos, seus integrantes acompanham o cantor, como os grupos da década de 1930, em outros, lançam mão de cantos homofônicos com abertura de vozes, ou seja, formando acordes. Em um dado momento, apresentam o conceito visionário de banda vocal, simulando arpejos de instrumentos harmônicos.

Entre saídas, perdas e substituições, o MPB4 permanece atuante, a exemplo do grupo de vozes femininas **Quarteto em Cy**.

As irmãs Cybele, Cylene, Cynara e Cyva Ribeiro também aderiram ao movimento da bossa nova e, em 1963, formaram o Quarteto em Cy. Durante sua trajetória, o grupo gravou composições de Vinícius de Moraes, Baden Powell, Dorival Caymi, Chico Buarque, entre outros nomes reconhecidos dos movimentos da bossa nova e da Música Popular Brasileira (MPB). Sua formação passou por diversas reformulações e, no final da década de 1960, o grupo alcançou projeção internacional com o nome The Girls from Bahia.

A forma de interpretação do Quarteto em Cy era semelhante à adotada pelo MPB4. Trechos de solo eram intercalados por trechos de uníssono e trechos homofônicos, ou seja, em duas, três ou quatro vozes. Também eram utilizados elementos contrapontísticos em alguns momentos dos arranjos.

Esses três grupos citados até aqui certamente influenciaram tantos outros da música popular brasileira, como o **Boca Livre**. O grupo, formado por Maurício Maestro, Zé Renato, Cláudio Nucci e David Tygel, surgiu em 1978 com a participação no disco *Camaleão*, de Edu lobo. Além de cantores, todos os integrantes eram também instrumentistas, formando, assim, um grupo vocal e instrumental. Em seus arranjos vocais, geralmente concebidos por Maurício Maestro, pode-se perceber certo grau de experimentalismo, lançando mão de fórmulas de compasso não convencionais, por exemplo. Quanto à técnica de canto, o grupo buscou uma estética mais naturalista do que os antecessores, aproveitando os avanços dos equipamentos de sonorização e gravação da década de 1970.

Tratando-se de arranjo vocal, o Brasil conta com uma gama de arranjadores que contribuíram para o crescimento dos conjuntos. Na música coral, além de Villa-Lobos e sua contribuição já comentada com o canto orfeônico, é preciso lembrar de **Osvaldo Lacerda**.

Nascido em São Paulo, em 1927, Osvaldo Lacerda é referência também no ensino de teoria musical. Contudo, grande parte de sua obra consiste em composições de música coral, nas quais sua veia de educador se revela, oferecendo desafios de percepção melódica e rítmica de forma lúdica, como no exemplo da Figura 4.4.

Figura 4.4 – Excerto de *Mexerico* – Osvaldo Lacerda

Com texto baseado no dito popular "Quem tudo quer saber mexerico quer fazer", Lacerda usa essa música como um desafio à percepção rítmica dos coralistas. Sem altura definida, o arranjo tece uma polifonia rítmica complexa entre baixos, tenores, contraltos e sopranos. Dependendo do nível técnico do grupo, a apreensão da música é lenta no início do estudo da partitura e, ao longo do tempo, a leitura passa a fluir.

No que diz respeito a arranjos para grupos vocais de MPB, o nome que se destaca é **Marcos Leite**. Nascido em 1953, no Rio Janeiro, o maestro foi um dos fundadores, na década de 1970, da Orquestra de Vozes Garganta Profunda, que originalmente tinha 24 integrantes. Ao longo dos anos, o grupo teve diversas formações menores, funcionando, por vezes, como um grupo vocal com acompanhamento instrumental, outras vezes cantando *a capella*, e, em algumas fases, assumindo o *status* de banda vocal.

Marcos Leite teve papel importante na criação do Conservatório de Música Popular Brasileira (CMPB) de Curitiba, no ano de 1993. Dois anos depois da inauguração, criou o Vocal Brasileirão, do qual foi diretor até 2001, um ano antes de seu falecimento. O grupo vocal curitibano, composto por 12 cantores profissionais – duas sopranos, duas *mezzosopranos*, duas contraltos, dois tenores, dois barítonos e dois baixos –, é dirigido, desde 2006, por Vicente Ribeiro. Carioca, residente em Curitiba desde 1996, esse maestro concentra diversas influências da música vocal brasileira, entre elas, a de Marcos Leite. Isso torna o trabalho de Vicente como arranjador uma referência nacional.

O Vocal Brasileirão, fundado em 1995, pode ser considerado uma resposta a uma prática musical que se iniciou no ano de fundação do CMPB de Curitiba: o Coral Brasileirinho. Criado para trabalhar o repertório da música popular brasileira com crianças de 8 a 13 anos, o grupo destaca-se como um espaço importante para a formação de cantores na cidade.

Outro grupo que sobressai nesse sentido é o Coral Curumim, que, desde 1988, trabalha com crianças, buscando não só a interpretação de músicas brasileiras e estrangeiras, mas também o desenvolvimento pessoal dos integrantes.

Todos os grupos, cantores, regentes, diretores, compositores e arranjadores citados até aqui são representativos de inúmeras manifestações de canto em conjunto no país. Há encontros de coros que são organizados durante o ano todo, em diversas partes do Brasil. Neles, sempre há grupos em profusão ansiando expressar-se por meio do canto coletivo. Há grupos de canto empresariais, corais religiosos, grupos de projetos sociais, entre outros. Entre os inúmeros grupos amadores, também se destacam os profissionais, como o Tao do Trio, o BR6, o Trio Esperança, a Banda de Boca, só para citarmos alguns dos mais reconhecidos.

Se o caminho para a instituição de ensino for a implementação de um grupo de canto, o educador musical responsável por esse projeto deve, no mínimo, conhecer os personagens aqui citados e a maneira deles de cantar em conjunto.

▷▷ Resumo da ópera

Quando se fala de conjunto vocal, logo se faz a conexão com a palavra *coro*. Neste capítulo, evidenciamos que o hábito de cantar em grupo é muito antigo. O termo *coro* vem do latim *chorus* e indica o local onde os cantores se posicionavam em uma celebração religiosa. No uso atual, coro é o nome que se dá ao grupo de pessoas que canta em conjunto, e coral se refere a tudo aquilo que é relativo a coro, como canto coral.

Tratamos, em seguida, de um assunto pertinente a qualquer formação vocal: a técnica vocal. Nesse sentido, afirmamos que não existe apenas um método e que o grande desafio para regentes de coros e grupos vocais é unificar a técnica vocal dos cantores, buscando aquilo que se chama de *timbragem*, isto é, o processo de encontrar um timbre homogêneo para o grupo.

Além de caracterizar técnicas vocais, elencamos algumas situações prejudiciais para a voz, como o choque térmico, o uso de substâncias relaxantes, o consumo de doces e derivados de leite antes de cantar, a ingestão de café, o pigarro, a tosse, o espirro, além da temida competição sonora. Pelo viés positivo, recomendamos beber água, cuidar da saúde geral, ter boas noites de sono, ingerir maçã e usar roupas confortáveis.

Na sequência, discorremos sobre música *a capella*, enfatizando que sua origem está ligada à música que se fazia nas capelas, sem acompanhamento de instrumentos musicais. Traçamos um breve histórico que se iniciou na música litúrgica do início da Era Cristã e se estendeu até os dias atuais com a difusão de diversos grupos de música *a capella*. Defendemos, também, que a música *a capella* pode ser desafiadora no sentido de colocar à prova afinação do grupo de canto.

Em seguida, abordamos as tessituras vocais, citando as seis principais: (1) soprano, de Dó3 a Lá4; (2) *mezzosoprano*, de Lá2 a Fá4; (3) contralto, de Fá2 a Ré4; (4) tenor, de Dó2 a Lá3; (5) barítono, de Lá1 a Fá3; e (6) baixo, de Fá1 a Ré3.

O aquecimento vocal também foi foco de discussão. Nese sentido, apresentamos uma sugestão de sequência básica de exercícios, começando com exercícios de respiração, passando por *vocalises* com a boca fechada (*bocca chiusa*), exercícios de vibração e com as vogais "a" e aquelas que tensionam os lábios e a língua.

Para finalizar, citamos grupos vocais brasileiros. Começando pelo Bando da Lua que, na década de 1930, acompanhava Carmen Miranda. Durante muitos anos essa era a função principal dos grupos vocais. Os movimentos da MPB e da bossa nova, na década de 1960, inspiraram o surgimento de grupos representativos como Os Cariocas, Quarteto em Cy e MPB4. Tratamos brevemente da história e das características musicais desses conjuntos. Citamos, também, o Boca Livre, já da década de 1970, como um dos grupos que surgiu inspirado nos antecessores.

Também discorremos um pouco sobre Osvaldo Lacerda, como referência em arranjo para música coral no Brasil, e Marcos Leite, como referência de arranjador para grupos vocais.

Além disso, mostramos como todos esses movimentos de música vocal contribuíram para o surgimento de grupos atuais, como o Tao do Trio, o BR6, o Trio Esperança, o Brasileirão, a Banda de Boca, entre outros.

Teste de som

1. Com relação à técnica vocal, assinale a afirmativa correta:
   a) A técnica vocal ideal é a do *bel canto*.
   b) A técnica vocal correta é a do canto popular.
   c) Há diversas técnicas vocais possíveis.
   d) Em um grupo vocal, é interessante que os cantores utilizem várias técnicas vocais.
   e) A timbragem diz respeito à equalização das vozes no equipamento de som.

2. Qual tipo de exercício pode iniciar uma sequência eficiente de aquecimento vocal?
   a) *Vocalises*.
   b) *Bocca chiusa*.
   c) Exercícios de vibração.
   d) Exercícios de respiração.
   e) *Vocalises* de grande extensão.

3. Assinale a alternativa que apresenta um hábito saudável para a voz:
   a) Competição sonora.
   b) Beber água em temperatura ambiente.
   c) Beber água gelada.
   d) Pigarrear.
   e) Dormir pouco.

4. Quais são as vozes mais graves entre as mulheres e os homens, respectivamente?
   a) Contralto e baixo.
   b) Soprano e tenor.
   c) *Mezzo* e barítono.
   d) Soprano e baixo.
   e) Contralto e ten.or

5. Qual era um dos costumes de grupos vocais da primeira metade do século XX, como o Bando da Lua?
   a) Cantar *a capella*.
   b) Gravar álbuns solo.
   c) Cantar em uníssono.
   d) Tocar instrumentos.
   e) Acompanhar cantores.

Treinando o repertório

Pensando na letra

1. Citamos neste capítulo uma série de cuidados que devem ser adotados para preservar a saúde vocal. Organize uma tabela com duas colunas: hábitos saudáveis e hábitos a evitar. Depois, responda: Qual é a importância, para o educador, de conhecer e optar por esses hábitos saudáveis?

2. Tratamos de diversas formações vocais e diversos grupos vocais brasileiros. Se você fosse criar seu próprio grupo, qual seria sua inspiração? Quais as razões dessa escolha?

Som na caixa

1. Imagine que você é o regente de um coro infantil e está programando um ensaio. A música a ser ensaiada tem muitos saltos de quinta e você não conhece exercícios que trabalham esse intervalo. Crie um exercício vocal divertido para praticar saltos de quinta justa com as crianças do seu coro hipotético. Escreva-o em uma partitura e, se possível, teste-o com crianças.

Se ligue na batida!

Saltos de quinta ocorrem quando a diferença de altura entre duas notas sucessivas é de três tons e um semitom, como Dó-Sol, Ré-Lá, Mi-Si, considerando o movimento ascendente (do grave para o agudo). Se o movimento for descendente, os exemplos são: Dó-Fá, Ré-Sol, Mi-Lá.

Capítulo 5
CONJUNTOS INSTRUMENTAIS

A criação de um conjunto vocal oferece uma vantagem prática em relação ao instrumental. No grupo vocal, a fonte sonora já está embutida nos integrantes. No conjunto instrumental, é preciso investimento em instrumentos musicais, salvo nos casos em que os integrantes possuam seus próprios.

Um conjunto instrumental necessita, ainda, de uma logística mais complexa. São necessários um espaço maior para ensaio e um local para armazenar os instrumentos, que também requerem manutenção periódica. Além disso, deve-se pensar na técnica de cada instrumento separadamente e em como eles tendem a interagir sonoramente.

Pensando nesses aspectos, detalharemos alguns fundamentos para o trabalho com instrumentos musicais específicos, como os instrumentos de corda, os de sopro, os de percussão e os eletrônicos. Para fazer essa distinção, tomaremos como base o sistema de classificação de instrumentos musicais proposto por Hornbostel e Sachs, em 1914, e atualizado pelo professor de etnomusicologia da Oberlin College Conservatory of Music Roderic C. Knight, em texto publicado em 2015 e revisado em 2017 (Knight, 2017).

5.1 Corda

Também denominados **cordofones** (Knight, 2017), os instrumentos de corda são assim chamados porque sua fonte sonora é a vibração de uma ou mais cordas esticadas ao longo de um corpo. Esse grupo pode ser subdividido em cordofones de tensão variável, arco musical, tipo harpa, tipo cítara e tipo alaúde. Dentro da família dos alaúdes se encontram os instrumentos que abordaremos aqui, já que se trata das duas categorias mais utilizadas em práticas de conjunto: (1) a dos alaúdes beliscados, representada pelo violão; (2) a dos alaúdes de arco, na qual se inserem os instrumentos da família do violino.

5.1.1 Conjunto de violões

Os alaúdes beliscados são assim chamados por terem forma similar à do alaúde e emitirem sons a partir do toque dos dedos do intérprete beliscando, ou pinçando, as cordas. Nessa categoria, enquadram-se todos os instrumentos da família do violão: viola caipira, cavaquinho, guitarra, baixo elétrico, *ukulele*, entre outros.

O violão é um dos instrumentos de corda economicamente mais acessíveis. A viabilidade econômica e a facilidade de transporte e manuseio são fatores importantes que determinam sua grande popularização. A extensão de mais de três oitavas permite a execução de praticamente qualquer melodia, além da divisão de vozes em diferentes tessituras.

No que diz respeito às possibilidades musicais, o violão também é um instrumento versátil. Trata-se de um instrumento solista, capaz de reproduzir melodias e harmonias ao mesmo tempo. Além disso, é possível produzir ruídos com potencial de incrementar ritmicamente a peça musical.

No Quadro 5.1, podemos observar algumas informações relevantes para a concepção de arranjos e a condução de um grupo de violões como um todo.

Quadro 5.1 – Características do violão para a prática em conjunto

Quesito	Característica do violão
Tessitura	De Mi1 a Mi4 (pauta em clave de Sol 8)
Clave utilizada	Clave de Sol 8 (oitava abaixo)
Instrumento transpositor?	Quando utiliza a clave que está indicada na linha anterior, não. Entretanto, muitas vezes é utilizada a clave de Sol sem o número oito. Nesse caso, tudo o que se lê deve ser tocado uma oitava abaixo e, desse modo, o instrumento é considerado transpositor.
Recursos musicais	♦ Melodias. ♦ Harmonias (notas simultâneas e arpejos). ♦ Duas melodias paralelas. ♦ Acompanhamento rítmico (acordes tocados com determinada levada). ♦ Produção de harmônicos.

(continua)

(Quadro 5.1 - conclusão)

Quesito	Característica do violão
Expressão	◆ Glissando (*slide*): Tocar uma nota e deslizar o dedo pelo braço do instrumento até atingir outra. ◆ Martelada (*hammer on*): Colocar o dedo com força em determinada nota, emitindo som sem pinçar a corda. ◆ Puxada (*pull off*): Retirar o dedo da corda que está produzindo som. ◆ *Bend*: Fazer movimento ascendente ou descendente do dedo que pressiona a corda, provocando aumento na frequência sonora.
Acessórios	◆ Cadeira. ◆ Banqueta para apoio do pé. ◆ Estante de partituras. ◆ Capas protetoras para armazenamento. ◆ Cordas reservas, principalmente a 4ª, ou nota Ré.

Uma das conveniências que a formação de um conjunto de violões oferece é a possibilidade de criação de arranjos nos quais as vozes obedeçam não apenas à lógica da extensão do instrumento, mas também ao nível de desenvolvimento de cada integrante do grupo no instrumento. Veja o exemplo da Figura 5.1, a seguir.

Figura 5.1 – Excerto de *Bom dia*, de Alysson Siqueira

A composição presente na Figura 5.1 foi concebida exatamente para um grupo de violões. Com o intuito de reunir o maior número possível de alunos de violão de um projeto social na Região Metropolitana de Curitiba, a separação dos naipes de violão obedeceu ao critério do nível de dificuldade de execução. O violão 4 (V4) é o mais fácil de ser executado, utilizando acordes aprendidos no início do curso, percutidos apenas no primeiro tempo dos compassos. O violão 3 (V3), apesar de apresentar muitas notas em sequência, não apresenta uma melodia complexa – é apenas um *ostinato*, com pequenas variações, de dificuldade moderada. A melodia principal está com os violões 2 e 1, sendo que os alunos do nível intermediário tocam na região mais grave e os alunos do nível avançado, uma oitava acima, em uma região em que só a turma desse nível já foi iniciada.

> **Se ligue na batida!**
>
> Um *ostinato* é uma pequena melodia que se repete diversas vezes. Concomitantemente, desenvolvem-se outros elementos musicais, como harmonias, ritmos e outras melodias.

Um grupo de cordas beliscadas também pode utilizar outros instrumentos da família do violão, como a viola caipira, o baixo acústico, ou "baixolão", o cavaquinho, o bandolim, o *ukulele*, entre outros. É possível que isso aumente a extensão sonora do grupo, o que, aliado à diversidade de timbre, resulta em uma identidade sonora única para o conjunto de cordas.

5.1.2 Conjunto de cordas arco

Os alaúdes de arco são os instrumentos em forma de alaúde cujo som é produzido por um arco que fricciona, ou seja, produz atrito nas cordas. É comum, na música ocidental, atribuir o nome de *família dos violinos* a esse grupo que, tradicionalmente, é composto por violino, viola, violoncelo e contrabaixo.

Desses quatro instrumentos, o violino é o mais solicitado pelos alunos. Por essa razão, grupos de violino são comuns em escolas de música, projetos sociais e escolas do ensino básico. Todavia, porque a extensão do violino abarca apenas as regiões média e aguda do som, a associação desse instrumento a outros mais graves da mesma família se torna, muitas vezes, musicalmente desejável. Desse modo, focaremos uma das formações mais tradicionais dessa família de instrumentos: o quarteto de cordas.

Violoncelo, viola e dois violinos constituem a formação usual de um quarteto de cordas. Dos dois violinos, aquele que se ocupa das melodias mais agudas é chamado de *violino 1*, ao passo que o outro recebe o nome de *violino 2*. Carlos Almada (2000, p. 304) destaca a importância dessa formação da seguinte forma: "Considerado por muitos como o mais nobre dos grupamentos instrumentais, é também o que mais exige do compositor, devido às suas imensas potencialidades em coloridos típicos e expressivos em geral".

Por se tratar de instrumentos de uma mesma família, inicialmente, explicitaremos suas generalidades no Quadro 5.2, a seguir.

Quadro 5.2 – Características da família do violino para a prática em conjunto

Quesito	Característica da família do violino
Instrumento transpositor?	Não. As notas lidas são exatamente as notas tocadas.
Recursos musicais	♦ Melodias. ♦ Harmonias – apenas arpejos. ♦ Duas melodias paralelas. ♦ Produção de harmônicos.

(continua)

(Quadro 5.2 - conclusão)

Quesito	Característica da família do violino
Expressão	◆ Glissando: Tocar uma nota e deslizar o dedo pelo braço do instrumento até atingir outra. ◆ *Pizzicato*: Produzir som beliscando ou pinçando a corda. ◆ *Spicatto*: Provocar o saltitar do arco após cada nota, produzindo pequenas separações entre os sons. ◆ *Vibrato*: Criar uma flutuação oscilatória da afinação fazendo movimentos com o dedo, o punho ou o braço esquerdo. ◆ *Col legno*: Produzir som com a madeira do arco batendo nas cordas (*col legno batutto*) ou friccionando as cordas (*col legno trato*).
Acessórios	◆ Cadeira. ◆ Banqueta para apoio do pé. ◆ Estante de partituras. ◆ Capas ou caixas protetoras para o armazenamento dos instrumentos. ◆ Breu para aumentar o atrito do arco.

Se ligue na batida!

O breu é um material escuro, sólido, de origem vegetal ou mineral, que, ao ser esfregado nas cordas de instrumentos musicais, criando maior atrito, aumentando, assim, a vibração nas cordas friccionadas pelo arco.

A rigor, violino, viola e violoncelo são versões de tamanhos diferentes do mesmo instrumento. Por essa razão, apresentam tantas características em comum. Entretanto, essa variação de tamanho gera algumas particularidades. Observe o Quadro 5.3.

Quadro 5.3 – Características dos instrumentos do quarteto de cordas

Instrumento	Clave utilizada	Extensão
Violino	(clave de sol)	Sol2 – Sol5
Viola	(clave de dó)	Dó2 – Dó5
Violoncelo	(clave de fá)	Dó1 – Lá4

Um dos pontos favoráveis à formação de um quarteto de cordas é o fato de que diversos compositores se dedicaram a compor peças para essa formação, muitos com obras já em domínio público. Veja o exemplo de escrita na Figura 5.2.

Figura 5.2 – *Quarteto n. 4 em Dó menor*, de Ludwig van Beethoven

Fonte: Beethoven, 2006, p. 1.

Podemos reparar, nesses compassos iniciais do *Quarteto n. 4 em Dó Menor*, de Ludwig van Beethoven, certa tendência para a homofonia entre violinos e violas. O violoncelo pontua as notas fundamentais dos acordes com o auxílio de outras, que fazem a ligação entre as principais. No primeiro e no quinto compassos, o violino 1 tem uma anacruse antes dos compassos homofônicos que se sucedem, dando a entender que a melodia principal está na voz mais aguda.

Se ligue na batida!

A homofonia ocorre quando as vozes apresentam rítmica igual, mas alturas diferentes. Está entre a monofonia, quando as vozes têm ritmos e alturas iguais, e a polifonia, quando há ritmos e alturas diferentes.

A anacruse, por sua vez, é um pequeno trecho melódico que antecede o primeiro tempo forte de uma música ou melodia.

Esse é apenas um exemplo e não abarca toda a complexidade que um arranjo para quarteto de cordas pode alcançar. As mais diversas formas musicais e técnicas de arranjo podem ser aplicadas a essa formação que já serviu como base de estudos e experimentos para diversos compositores e arranjadores.

A formação de um quarteto de cordas no ambiente escolar é um projeto audacioso, pois requer alunos com habilidade em instrumentos, como viola e violoncelo, que normalmente não estão entre as primeiras escolhas de crianças e jovens. Apesar disso, pode ser uma importante formação para o início de uma orquestra de cordas, passando pela multiplicação do número de instrumentos e pela inserção do contrabaixo.

5.2 Sopro

Também chamados de *soprados*, os instrumentos de sopro necessitam do movimento de uma coluna de ar interna, o qual é obtido por meio do sopro, produzido pela boca do instrumentista ou mecanicamente. Segundo a revisão da organologia de Hornbostel e Sachs empreendida por Knight (2017), essa categoria se divide em três grandes grupos: (1) os abertos, ou livres; (2) os soprados; (3) os explosivos. A família dos soprados engloba os instrumentos de sopro mais tradicionais e acessíveis para a prática de conjunto. Dentro dela, ainda existem subdivisões, sendo a mais representativa para os objetivos aqui abordados a dos instrumentos de sopro de tubo aberto e, mais especificamente, dentro desse subgrupo, os instrumentos de aresta, as flautas transversais e os instrumentos de palheta batente e bocal.

Mesmo com essa delimitação, ainda resta uma ampla variedade de instrumentos de sopro, como flautas doces e transversais, clarim, trompete, trombone, tuba, trompa, clarinete, oboé, fagote, saxofone, eufônio, entre outros. Como abordaremos, no Capítulo 6, muitos desses instrumentos, nesta seção, trataremos especificamente da prática em conjunto da flauta doce.

A flauta doce é classificada no sistema de Hornbostel e Sachs como um aerofone de aresta. O princípio de produção de som nesse instrumento consiste em dividir o fluxo de ar vindo da boca. Esse processo forma vórtices, espécies de redemoinhos, dentro e fora do tubo alternadamente, fazendo o tubo entrar em ressonância, amplificando as frequências geradas na aresta. Inicialmente feitas em madeira, as flautas doces hoje são produzidas em plástico e em escala industrial, suprindo a alta demanda derivada do seu uso massivo como instrumento de musicalização.

Em muitos casos, as aulas de flauta doce já são ministradas em grupo. Isso favorece a implantação de práticas em conjunto desde o início. Cantos a duas vozes podem ser interpretados na flauta, como demonstrado na Figura 5.3.

Figura 5.3 – Excerto de *O sabiá* – Carmen Mettig Rocha

O sabiá, de Carmen Mettig Rocha, é um bom exemplo de música vocal que pode ser utilizada em práticas de conjunto instrumental.

Também é possível trabalhar a quatro vozes com apenas dois tipos de instrumento, como expresso na Figura 5.4.

Figura 5.4 – *Terezinha de Jesus*

Essa é uma canção folclórica e, por essa característica, foi transmitida oralmente ao longo de muitos anos. Assim como outras do gênero, *Terezinha de Jesus* tem muitas variantes, de acordo com cada região do Brasil. Esse arranjo se baseia na versão aprendida pelo arranjador, que também adaptou a tonalidade e criou uma harmonização diferente da usual. Duas flautas sopranos e duas contraltos, estruturadas com o mínimo de complexidade, cobrem uma extensão de Si2 a Mi4, oferecendo uma considerável quantidade de opções criativas ao arranjador. Para clarificarmos essas possibilidades, esquematizamos as características da flauta doce no Quadro 5.4.

Quadro 5.4 – Características das flautas doces

Quesito	Característica das flautas doces
Instrumento transpositor?	Pode ser, nos casos das flautas sopranino e soprano. Muitas vezes se utiliza a clave de Sol normal, em vez da clave uma oitava acima. Nesses casos, toca-se uma oitava acima daquilo que se lê.
Recursos musicais	◆ Melodias. ◆ Harmonias – apenas arpejos.
Expressão	◆ Glissando longo: Tirar e recolocar os dedos um a um, passando por todas as notas dentro de um intervalo. ◆ Glissando curto: Menor que um semitom; deslizar o dedo lentamente, tirando-o do furo, ou variar a intensidade do sopro. ◆ *Vibrato*. ◆ *Staccato*. ◆ *Legato*.
Acessórios	◆ Cadeira (opcional). ◆ Estante de partituras. ◆ Capas ou caixas protetoras para guardar os instrumentos.

Além dessas generalidades, a flauta doce também tem particularidades relativas a seu tamanho. O modelo mais comum é o soprano, cujo tamanho se adequa perfeitamente às mãos de crianças e adultos, e sua escala, em Dó Maior, favorece a musicalização. Listamos as diferenças para a escrita musical no Quadro 5.5.

Quadro 5.5 – Características das flautas doces

	Clave utilizada	Extensão
Sopranino		Fá4 – Si6
Soprano		Dó4 – Ré6
Contralto		Fá3 – Sol5
Tenor		Dó3 – Ré5
Baixo		Lá2 – Sol4

Esses não são os únicos tipos de flauta doce, mas podem ser consideradas as mais utilizadas, sobretudo as flautas soprano, contralto e tenor. As suas extensões são similares às da voz humana uma oitava acima. Por essa razão, além de contarem com repertório próprio, os conjuntos de flauta podem interpretar, também, arranjos vocais.

Vale ressaltar que dificilmente poderemos contar com a extensão total para os arranjos do conjunto de flautas, pois o limite em direção ao agudo está sempre vinculado às possibilidades técnicas dos integrantes. Portanto, o condutor do grupo deverá sempre estar atento à evolução dos flautistas para selecionar, adaptar ou confeccionar os arranjos.

5.3 Percussão

Conforme o sistema de Hornbostel e Sachs (Knight, 2017), os **idiofones** são instrumentos cujo som é produzido pela vibração do corpo todo do instrumento ou de uma parte dele. A vibração deve ser gerada pelo material de que é feita a peça, sem o auxílio de cordas, membranas ou algo do tipo. Existem diversas subdivisões dos idiofones, mas aqui nos concentraremos em duas: (1) de percussão; (2) de agitamento.

Nesses grupos, enquadram-se todos os tipos de tambores, pratos, chocalhos, além dos instrumentos de percussão com altura definida, como o xilofone e o metalofone. Com eles, é possível formar grupos de diversos estilos, representativos de diferentes locais e culturas.

O trabalho com instrumentos de percussão é bastante atrativo para as crianças. O resultado musical não demora a aparecer e a pressão sonora resultante dessa prática, aliada ao movimento corporal realizado para a produção do som, torna a percussão em grupo uma excelente atividade para extravasar a energia dos integrantes.

Entre as diversas possibilidades de formação de conjuntos de percussão, citamos uma brasileira por excelência: a bateria de samba. Para simplificar, chamaremos esse tipo de conjunto apenas de *batucada*.

Como muitos outros aspectos culturais do país, a **batucada** brasileira tradicional, bem como o samba, nasceu de processos interculturais. Há instrumentos, como a caixa-clara, que foram trazidos pelas bandas militares europeias. Já o pandeiro é um instrumento típico da cultura árabe. A ideia de utilizar três surdos, por sua vez, vem das formações com três tambores das culturas africanas. No Quadro 5.6, são apresentados os instrumentos que compõem a base da batucada.

Quadro 5.6 – Instrumentos da batucada

Instrumento	Imagem	Descrição
Surdo		Tambor cilíndrico de madeira ou metal, revestido de pele dos dois lados. É o maior e mais grave instrumento da batucada. Uma formação completa contém três: (1) o de primeira, ou marcação; (2) o de segunda, ou resposta; (3) o de terceira, ou cortador. O surdo de primeira é o mais grave e o de terceira é mais agudo. Emitem uma altura definida e, geralmente, são afinados em intervalos de quarta ou quinta justa. São percutidos com uma baqueta revestida por feltro em uma das extremidades.
Caixa		Tambor cilíndrico achatado, feito de metal, revestido com pele sintética na parte inferior e superior. Contém uma esteira metálica em contato com uma das peles para compor seu timbre. A caixa é percutida com duas baquetas de madeira.
Tamborim		Tambor de pequenas dimensões revestido por pele sintética em apenas um dos lados. Enquanto uma mão segura o instrumento, com um dos dedos operando como abafador da pele, a outra percute a pele por meio de uma baqueta plástica com duas ou mais hastes.

(continua)

(Quadro 5.6 - continuação)

Instrumento	Imagem	Descrição
Ganzá		Instrumento de agitamento. Pode ser composto por platinelas, como o da figura ao lado, ou pode ser um tubo fechado de metal, com grãos em seu interior. É tocado por meio de movimentos sucessivos para frente e para trás.
Agogô		Instrumento composto de haste metálica dobrada com dois cones metálicos, de tamanhos diferentes, nas extremidades. Os cones são percutidos por uma baqueta de madeira, alternando o som grave e o agudo para compor uma melodia.
Repique		Também conhecido como *repinique*, tem formado similar ao dos surdos, porém tem dimensões menores e, portanto, som mais agudo. Pode ser tocado por uma das mãos diretamente e com a outra empunhando uma baqueta de madeira. Trata-se do instrumento que guia a batucada, fazendo marcas e convenções que servem de comando para os outros.

(Quadro 5.6 – conclusão)

Instrumento	Imagem	Descrição
Cuíca		Tem formato similar ao repique; porém, sua extremidade inferior é aberta. Na extremidade superior, normalmente se usa pele natural, na qual uma vara de madeira é acoplada. Essa vara é friccionada por um pedaço de tecido embebido em água ou querosene, produzindo assim seu som característico. Pode alcançar diversas alturas sonoras de acordo com a velocidade de fricção e/ou a tensão na pele.
Pandeiro		Instrumento formado por um aro de madeira, com platinelas metálicas ao redor e revestido por pele natural ou sintética em uma das extremidades. Uma das mãos do instrumentista segura-o pelo aro, usando um dos dedos como abafador da pele. A outra mão percute regiões diferentes do instrumento. Costuma-se dizer que o pandeiro é um instrumento completo, pois possibilita a emissão de sons graves, médios e agudos.

Além dos instrumentos em si, uma batucada necessita de alguns acessórios, como:

- baquetas – cada instrumento tem um tipo apropriado;
- talabartes – são as alças para pendurar os instrumentos ao corpo dos instrumentistas;
- apoios para os surdos – para evitar lesões em razão do peso do instrumento;
- protetores auriculares – para prevenir acidentes auditivos em virtude do alto nível sonoro da atividade;
- apito – além do repique, o apito pode ser usado como ferramenta de comunicação entre o líder da batucada e os instrumentistas.

Com todo o material em mãos, já se pode começar a prática. Na Figura 5.5, mostramos uma levada básica de samba que pode ser o ponto de partida para uma batucada.

Figura 5.5 – Levada básica de samba

Devemos fazer algumas considerações a respeito da partitura apresentada na Figura 5.5:

- Ganzá, pandeiro e caixa têm a mesma divisão rítmica e a mesma acentuação, indicada pelo símbolo ">". Todavia, as semicolcheias são produzidas de forma diferente em cada instrumento, proporcionando diversidade de timbres.
- Agogô e cuíca podem produzir notas graves e agudas. As graves estão na posição inferior da pauta, ou em cima dela, e as agudas, na posição superior da pauta.
- O repique produz notas em três alturas. A nota localizada no ponto mais inferior representa o som da mão percutindo a pele, a central refere-se à batida da baqueta na região central da pele e a superior indica uma batida no canto da pele em que a baqueta percute, ao mesmo tempo, a beirada metálica do instrumento, chamada de *aro*.
- O surdo emite som apenas no segundo tempo, por meio da percussão da baqueta. No primeiro tempo há uma pausa que deve ser "tocada" colocando a mão oposta à da baqueta diretamente na pele do instrumento.

A prática pode seguir diversas dinâmicas. É viável permitir que os alunos experimentem o máximo de instrumentos possível, executando exatamente a levada proposta na Figura 5.5. Depois do rodízio completo, o professor ou regente pode tomar dois caminhos: ou optar pela formação que obtere melhor sonoridade, ou deixar que cada aluno escolha o próprio instrumento. A segunda opção pode oferecer melhores resultados no atinente à motivação do grupo.

Muitas variações para a levada de samba podem ser trabalhadas. Além delas, há toques do repique que são respondidos pelos outros instrumentos. Conhecidas como *chamadas*, essas variações podem ser extraídas da prática tradicional do grupo de samba, podem ser inventadas e, até mesmo, imitar o ritmo de melodias conhecidas. Veja o exemplo da Figura 5.6, a seguir.

Figura 5.6 – Exemplo de chamada de samba

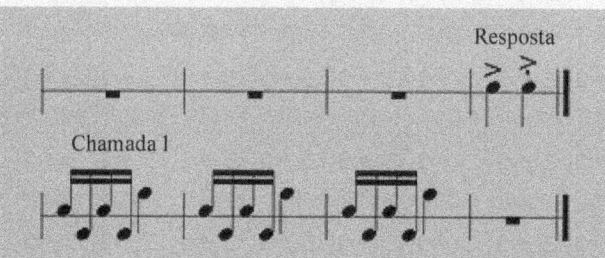

Tocar e criar essas chamadas pode tornar-se uma diversão para os integrantes da batucada.

Além do samba, outros ritmos brasileiros podem ser praticados com a formação da batucada, como o maracatu, o baião e o afoxé. É importante que o diretor da prática esteja sempre se atualizando para levar novos desafios a cada ensaio.

5.4 Eletrônicos

No sistema de Hornbostel e Sachs, a denominação *eletrofones* designa a família composta por todos os instrumentos que utilizam energia elétrica para produzir som. Estes são subdivididos em seis grupos:

1. **Eletroacústicos**: São instrumentos originalmente acústicos, modificados para transformar ou amplificar o som. A guitarra, o baixo e os violões elétricos integram esse grupo.
2. **Eletromecânicos**: A energia elétrica gera impulsos mecânicos que modificam ou produzem som. É o caso do *Hammond Piano* e dos primeiros *samplers*, como o *Mellotron*.
3. **Elétrico-analógicos**: Consistem em equipamentos que produzem som a partir de componentes eletrônicos. Exemplos são o teremim e o *Ondes Martenot*.
4. **Elétrico-digitais**: São instrumentos cujos impulsos elétricos são transformados em dados. Eles comandam outro sistema ou dispositivo que gera o som digitalmente. Os teclados sintetizadores e os controladores conectados a computadores são os exemplos mais conhecidos.
5. **Híbridos**: Trata-se de instrumentos eletrônicos que geram sons analógicos, mas passando por filtros eletrônicos.
6. *Softwares*: Correspondem a programas de computador que simulam sintetizadores e *samplers*.

De todos esses grupos, os mais populares são os instrumentos eletroacústicos e os elétrico-digitais. Considerando esses dois, uma formação bastante difundida atualmente vem à mente: guitarra, baixo elétrico, teclado e bateria. Dois instrumentos eletroacústicos, um elétrico-digital e um analógico compõem, então, a formação de uma banda-base para gêneros como o *pop* e o *rock*, a qual vamos chamar de *banda*.

É possível agregar muitos outros instrumentos à banda básica, como sopros, cordas, vozes e outras percussões. Além de trabalhar o próprio repertório, esse tipo de conjunto pode atuar acompanhando outros grupos da mesma instituição ou de outras instituições parceiras. Por exemplo, em determinado momento pode haver uma apresentação do coral da escola em conjunto com a banda.

O fato de consistir em uma formação menor não significa que a banda não precise de cuidados. Por isso, no ambiente escolar, ela deve ter um diretor, mesmo que os integrantes tenham autonomia relativa para opinar e decidir sobre assuntos diversos.

A bateria é um conjunto de instrumentos de percussão – composto por bumbo, caixa, surdo, tons, chimbal e pratos – tocado por apenas uma pessoa. Uma de suas características principais é a forte pressão sonora. O volume elevado do som desse instrumento resulta em uma demanda: os outros precisam ser amplificados. Isso vale também para vozes, cordas e sopros, caso façam parte da banda. A guitarra e o baixo têm, cada um, o próprio sistema de amplificação: um sistema compacto com amplificador e alto-falantes, usualmente chamado de *cubo*. Os teclados eletrônicos, na maioria dos modelos, têm alto-falantes embutidos, porém a potência deles dificilmente é equivalente à pressão sonora da banda. Por essa razão, este também necessita de amplificação, com o uso de um cubo próprio ou de um sistema de som.

Um sistema de som para ensaio e/ou apresentação de banda é composto por três elementos: (1) mesa de som, (2) amplificador, (3) caixas acústicas. Além disso, cabos de áudio são necessários para fazer as conexões.

A mesa de som, ou *mixer*, recebe os cabos de todos os instrumentos e microfones. Cada fonte sonora ocupa um canal da mesa; por isso, é importante que se saiba, desde o planejamento da banda, quantos canais serão necessários, pois há mesas de som com variadas quantidades de canais. Nesse equipamento, os canais de entrada são misturados e conduzidos, normalmente, a dois canais de saída – esquerda (*left*) e direita (*right*) –, os quais são conectados a um amplificador, também chamado de *potência*.

O amplificador aumenta o sinal do som que é emitido pela mesa, de acordo com a potência nominal dele. As duas saídas são ligadas nas entradas das caixas acústicas.

Do inglês *public address*, que pode ser entendido como "destinado ao público", o sistema PA consiste em caixas acústicas desenvolvidas para levar o som ao público. A banda pode ter esse sistema, que é possível utilizar também nas apresentações, ou contar apenas com monitores de retorno.

Os monitores de retorno servem para levar aos músicos o som dos instrumentos que precisam ouvir para orientar a prática musical. Eles podem estar posicionados no chão, sendo chamados de *ground*, ou nas laterais do palco, numa altura próxima à das cabeças dos musicistas. Nesse último caso, são chamados de *side*.

Cada um dos dois sistemas, monitor e PA, demandam seu próprio amplificador. Outra solução consiste em utilizar caixas acústicas amplificadas, ou seja, com amplificador embutido. Na prática, reduz-se todo o sistema para dois elementos: (1) mesa de som e (2) caixas amplificadas.

Apesar da formação inicialmente mais enxuta, a lista de aparatos e acessórios de uma banda é grande. Além dos equipamentos de sonorização e cabos, são necessários:

- suportes para instrumentos;
- estantes de partitura;
- cabos extras;
- pedais de efeito (guitarra e baixo);

- pedestais para microfones;
- alças para pendurar os instrumentos.

Mesmo diante de todas as dificuldades de logística impostas pela prática, a abrangência do repertório e a familiaridade com a formação podem tornar a prática de banda uma atividade atrativa no ambiente escolar.

5.5 Construção de instrumentos e luteria

A história da música está diretamente ligada ao surgimento de novos instrumentos, ao desenvolvimento dos tradicionais e ao impacto disso no fazer musical. Nos bastidores dos grandes nomes da música ocidental sempre figurou um ator que, embora coadjuvante, foi imprescindível: o *luthier*.

> A luteria diz respeito à construção e manutenção de instrumentos musicais, com foco, segundo a história, em instrumentos de cordas feitos em madeira, artesanalmente. O termo se refere à palavra francesa *luth* (*liuto* em italiano), por isso os construtores de *luth* (alaúde) eram chamados de *luthiers*. (UFPR, 2020)

A apresentação do Curso Superior de Tecnologia em Luteria da Universidade Federal do Paraná (UFPR) conecta a origem histórica da luteria ao instrumento alaúde. Todavia, na atualidade, o termo é utilizado para se fazer referência à fabricação de todo tipo de instrumento musical. Além disso, essa área também compreende a manutenção dos instrumentos.

Dessa maneira, a importância da luteria para a prática em conjunto no ambiente escolar pode tomar dois rumos: (1) construção de instrumentos e (2) manutenção de instrumentos. Obviamente, quando se adota a construção dos próprios instrumentos, presume-se, também, sua manutenção.

Quanto à construção de instrumentos, destacamos a atuação do Grupo Batuqueiros, na cidade de Curitiba.

> O Grupo Batuqueiros é um grupo de Percussão Infantil Itinerante que trabalha com a prática instrumental em tambores. Criado em 2012, com uma proposta sensível e inovadora, coloca a criança como protagonista nas atividades musicais.
> Além de explorar diferentes gêneros musicais a fim de despertar cada criança para a apreciação, a execução e a criação musical, o grupo trabalha três aspectos muito relevantes na formação da criança: o ritmo, o pulso e a coletividade! Estes conceitos são trabalhados de forma ativa possibilitando o aprendizado através da atividade coletiva com o foco no Eu e no Outro.
> (Grupo Batuqueiros, 2020)

O Grupo Batuqueiros utiliza tambores confeccionados exclusivamente para a atividade. São instrumentos com formato e dimensões adequados às crianças que participam do grupo. Apesar de a fabricação ser terceirizada, os critérios para a confecção foram estabelecidos pela criadora do projeto, Ana Carolina Tavares. Além disso, a grande quantidade de instrumentos envolvidos demanda um conhecimento mínimo da equipe para fazer a manutenção do instrumento.

De modo geral, esse conhecimento básico de luteria é sempre necessário para a manutenção de grupos que possuam os próprios instrumentos.

Como cada instrumento musical tem suas particularidades, aqui elegemos o violão, na condição de um dos mais utilizados, como exemplo. Para tratarmos dos cuidados mínimos de manutenção de um instrumento, antes de tudo é preciso conhecer as partes que o compõem, conforme mostra a Figura 5.7.

Figura 5.7 – Componentes do violão

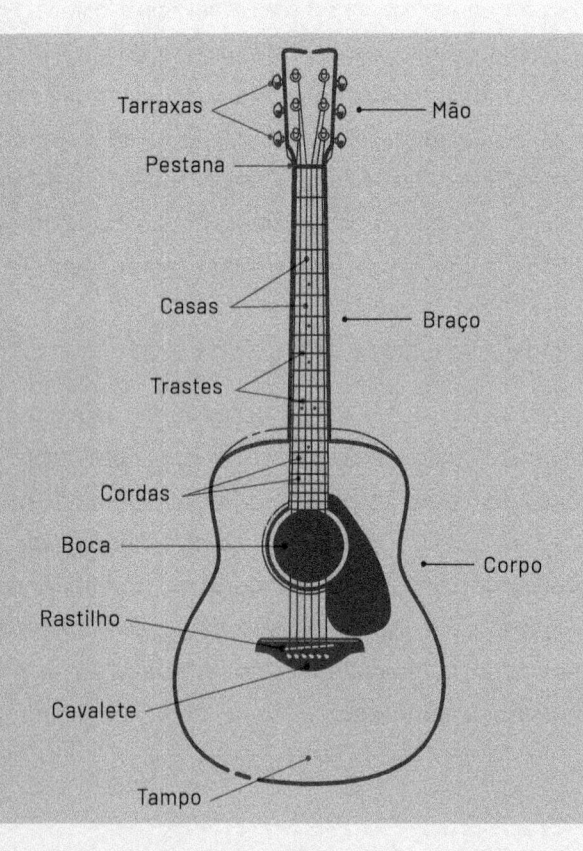

A primeira demanda de manutenção do violão é a troca de cordas. Com o passar do tempo, elas oxidam, ressecam e, assim, perdem o brilho sonoro. A troca faz-se necessária por esse motivo e também pela eventual quebra da corda. Uma delas, em especial, nos violões com cordas de náilon, é mais propícia a arrebentar: a quarta corda, contada da mais aguda para a mais grave. Esta deve ter uma quantidade em reserva maior do que as outras.

As cordas podem ser amarradas ao cavalete ou simplesmente travadas por um nó encapado que vem em determinados encordoamentos. Na outra extremidade, passa-se a corda pelo furo da tarraxa e a enrola. O excesso de corda pode ser cortado.

É possível que a distância das cordas em relação ao braço do violão se torne um problema. Isso porque, se estiverem baixas demais, as cordas podem bater em outros trastes gerando o ruído conhecido como o *trastejar*; se estiverem altas demais, podem dificultar a produção do som. No violão tradicional, essa distância pode ser regulada ao se aumentar ou diminuir a altura do traste e/ou da pestana. Precisando diminuir essa altura, basta retirar as peças, que normalmente estão só encaixadas, e lixar a parte inferior delas – a que estiver em contato com o violão. Caso precise aumentar a distância, o correto é comprar peças novas e fazer o ajuste com lixa.

O grupo de três tarraxas é uma peça única. Se uma delas for danificada, será necessária a troca total. Em casos esporádicos, é possível desmontar o conjunto e substituir apenas uma das tarraxas, mas a manutenção que garante o bom funcionamento é a substituição do conjunto.

O braço do violão está sujeito a empenamento, por diversas causas que podem ser evitadas, por exemplo, a exposição à luz solar. Afinar o instrumento com notas mais agudas do que o usual, ou seja, aplicar uma tensão às cordas maior do que a considerada pelo projeto do instrumento também pode causar danos. Além disso, o modo como se apoia o violão na parede não deve forçar o braço. Se mesmo com os devidos cuidados, ocorrer o empenamento do braço do violão, há uma possibilidade de corrigir o problema, apertando o parafuso tensor que fica na união entre o corpo e o braço, com acesso pela boca do instrumento.

Podem acontecer, ainda, diversos problemas de descolamento de partes do violão. Para consertá-las, basta unir as partes descoladas, aplicar cola de madeira e mantê-las pressionadas por 24 horas. Há grampos específicos para essa finalidade, mas, na ausência deles, a criatividade pode solucionar a questão da pressão.

É possível que apareçam problemas mais complexos com o violão e todos outros instrumentos da prática de conjunto. Nesses casos, é importante que o responsável pelo projeto tenha sempre o contato de um bom *luthier* na agenda.

▷▷ Resumo da ópera

Neste capítulo, versamos sobre grupos instrumentais e suas peculiaridades em relação aos grupos de vozes.

Dentre os grupos formados por instrumentos de corda, destacamos o conjunto de violões e o conjunto de cordas arco.

A respeito dos violões, começamos apresentando as principais características do instrumento, principalmente aquelas que trazem informações importantes para a escrita musical. Fornecemos um exemplo de uma composição em que os violões são divididos em naipes de acordo com a dificuldade técnica na pauta. Também lembramos de outros instrumentos da família dos violões, como o baixolão, o cavaquinho e o bandolim, que podem se juntar também à formação do grupo musical.

De modo semelhante, tratamos dos conjuntos de corda arco, os da família do violino, tendo como formação de referência o quarteto de cordas: violino 1, violino 2, viola e violoncelo. Destacamos, ainda, que esse modelo pode servir como ponto de partida para a formação de uma orquestra de cordas.

Na sequência, comentamos sobre os instrumentos de sopro, classificando-os e tipificando-os. Como exemplo de conjunto de sopro escolhemos o grupo de flautas doces. Apresentamos suas principais características e cinco tipos diferentes de flauta de acordo com tamanho e extensão, além de exemplos de repertório.

Em seguida, abordamos os instrumentos de percussão e, como exemplo de formação possível, a batucada de samba, composta por surdo, caixa, tamborim, ganzá, repique, cuíca e pandeiro. Também detalhamos os acessórios usados nessa prática e um exemplo de levada básica de samba, que pode ser utilizada na batucada. Além disso, apresentamos dinâmicas diferentes de ensaio, bem como a ideia das chamadas em que o repique faz a pergunta e os outros instrumentos respondem.

Os instrumentos eletrônicos também foram abordados, sobretudo os eletroacústicos – isto é, aqueles originalmente acústicos, mas que receberam eletrificação para serem amplificados – e os instrumentos elétrico-digitais, como teclados sintetizadores e controladores. Discorremos sobre o aparato de sonorização que uma formação de banda necessita e, ainda, demonstramos que esta pode servir de base instrumental para outras formações.

No atinente à luteria, salientamos a importância do conhecimento sobre o funcionamento e a fabricação dos instrumentos do grupo. Como exemplo, citamos novamente o violão e os cuidados de manutenção básicos que os responsáveis pelo grupo precisam dominar, como trocar as cordas, realizar ajustes na distância delas em relação ao braço, trocar as tarraxas, corrigir o empenamento do braço e fazer pequenos reparos na madeira. Para problemas mais complexos, é conveniente que o responsável pelo conjunto tenha o contato de um bom *luthier*.

Teste de som

1. Qual é a tessitura de um violão?
   a) Três oitavas.
   b) Quatro oitavas.
   c) Duas oitavas.
   d) Três oitavas e meia.
   e) Duas oitavas e meia.

2. Qual é a formação de um quarteto de cordas?
   a) Violino, viola, violoncelo e contrabaixo.
   b) Dois violinos, viola e violoncelo.
   c) Quatro violinos.
   d) Dois violinos e duas violas.
   e) Qualquer combinação entre os instrumentos da família do violino.

3. Qual é a flauta doce mais aguda?
   a) Soprano.
   b) Contralto.
   c) Tenor.
   d) Barítono.
   e) Sopranino.

4. Qual é o instrumento mais grave de uma batucada?
   a) Ganzá.
   b) Repique.
   c) Surdo.
   d) Caixa.
   e) Agogô.

5. Qual dos seguintes procedimentos de manutenção do violão pode ser realizado sem auxílio de um *luthier*?
   a) A troca do tampo do violão.
   b) A troca do braço do violão.
   c) A troca das tarraxas do violão.
   d) A troca da mão do violão.
   e) A troca do corpo do violão.

Treinando o repertório

Pensando na letra

1. Imagine que você é professor de música de uma escola com muitos alunos que tocam acordeom. Nessa situação, quais seriam os desafios que você provavelmente encontraria para montar um conjunto de acordeons?

2. Neste capítulo, citamos diversas formações possíveis de conjuntos musicais em ambiente escolar. Contudo, certamente, existem infinitas outras. Assista ao vídeo indicado a seguir para responder às questões expressas na sequência:

Zeppelin! - The Louisville Leopard Percussionists. (6 min. 13 s). Disponível em: <https://www.youtube.com/watch?v=JYuOZnAqQCY>. Acesso em: 21 out. 2020.

- O instrumental é acessível para a realidade do Brasil?
- A escolha da música é adequada à faixa etária das crianças?
- Como foi a educação musical dessas crianças para tocarem no nível apresentado no vídeo?

Atividade aplicada: prática

1. Apresentamos, na batucada, uma levada básica e uma chamada de samba. Revise o conceito de chamada e crie uma, com resposta. Você pode se basear em uma música conhecida, como o tema do filme *A família Addams* (1991).

Capítulo 6
CONJUNTOS MISTOS

A diversidade de interesses dos alunos pode levá-los a escolher diferentes instrumentos musicais. Isso não deve ser considerado um problema; pelo contrário, é possível que se torne uma oportunidade. Diversas formações tradicionais contemplam instrumentos harmônicos e melódicos de diferentes famílias, além de vozes e percussão. A ideia de banda, que abordamos no capítulo anterior, baseada em instrumentos eletrônicos, já oferece ao professor uma possibilidade de formação mista.

Neste capítulo, discorremos sobre algumas possibilidades tradicionais de formação mista, como as fanfarras, as bandas marciais, as bandas de concerto e as bandas sinfônicas.

6.1 Vozes, instrumentos e categorias etárias

Antes de comentarmos as especificidades de cada uma das formações mistas, trataremos de alguns assuntos gerais relativos às vozes, às características de determinados instrumentos e às categorias etárias.

6.1.1 Uso da voz em formações mistas

No Capítulo 4, dedicado ao tema dos conjuntos vocais, apresentamos as tessituras das principais classificações vocais: soprano, *mezzo*, contralto, tenor, barítono e baixo. Aquela classificação permanece, não apenas para o canto coral, mas também para as formações em que vozes atuam em companhia de instrumentos.

Pensando em conjuntos formados por alunos do ensino básico, deparamo-nos com diversas fases do desenvolvimento biológico dos estudantes, o que reflete em diferentes possibilidades de formação vocal.

Durante toda a infância, meninos e meninas apresentam, em geral, uma extensão vocal muito semelhante, compreendida entre as vozes de contralto e soprano. Esse fato limita os arranjos vocais a três regiões apenas. Assim, para essa faixa etária é comum que os arranjos tenham apenas duas vozes.

A puberdade é o marco de diversas transformações corporais em meninos e meninas. Nessa fase, as pregas vocais dos meninos crescem substancialmente mais do que as das meninas, provocando maiores diferenças entre as vozes femininas e masculinas.

É difícil estabelecer uma idade em que ocorre essa mudança, pois o início da puberdade depende de um conjunto de fatores, como os hereditários e os químicos. De qualquer modo, é possível esperar que as crianças entrem nessa fase, aproximadamente, no período compreendido entre a metade e o final do ensino fundamental.

A partir desse momento, o grupo de cantores tem a extensão vocal total aumentada, ganhando as notas graves das vozes masculinas.

Além desse aspecto referente às classificações de vozes, é preciso ressaltar que associar vozes a grandes formações instrumentais, ou a instrumentos eletrônicos e de percussão com grande pressão sonora, demanda utilizar microfones e, consequentemente, todo o aparato de sonorização, como mesa de som, amplificadores e caixas acústicas.

6.1.2 Emprego de instrumentos em formações mistas

No que diz respeito aos instrumentos, diversos tipos podem ser utilizados em práticas de conjunto, desde que estejam adequados à formação pretendida. No capítulo anterior, mencionamos instrumentos de corda, flautas, instrumentos eletrônicos e de percussão. Entretanto, para tratarmos das formações apresentadas neste capítulo, teremos que conhecer alguns instrumentos de sopro de palheta: livre, batente e bocal.

Segundo a classificação de Hornbostel e Sachs (Knight, 2017), os instrumentos de sopro de palheta têm o som produzido por uma ou mais lâminas finas que vibram com a passagem de ar. Eles dividem-se em três subgrupos: (1) palhetas livres; (2) palhetas batentes; e (3) palhetas bocal. Elencamos algumas características desses subgrupos a seguir:

- **Palhetas livres**: A palheta vibra sem limites físicos. É o caso do acordeom, da gaita de boca e da escaleta. O ar é conduzido por um canal até a palheta correspondente à nota musical desejada, a qual vibra livremente, sem encostar em outras partes do instrumento, produzindo som (Siqueira, 2020a, p. 132).
- **Palhetas batentes**: A palheta vibra, percutindo um obstáculo ou uma outra palheta. "Os instrumentos com apenas uma palheta batente são chamados de *simples*, são os casos do saxofone e do clarinete. Há também os instrumentos com palheta dupla, como o oboé, o fagote e o corne inglês" (Siqueira, 2020a, p. 132, grifo do original).

- **Palhetas bocal**: O som é produzido pela vibração entre os lábios superior e inferior, simulando palhetas duplas. Em sua maioria, são os instrumentos do naipe de metais. No entanto, há instrumentos, como o *didgeridoo*, usualmente não integrantes do *rol* dos instrumentos musicais orquestrais ocidentais, que utilizam o mesmo princípio.

Existem instrumentos de bocal de comprimento fixo, como o clarim e a corneta, em que a variação das alturas se obtém variando a intensidade do sopro, tornando possível apenas alcançar as notas da série harmônica. Já os de comprimento variável possuem maior versatilidade e podem obter a variação por meio do deslizamento do tubo, como o trombone, ou com o auxílio de pistons e botões, como o trompete, as trompas e a tuba. (Siqueira, 2020a, p. 133)

Se ligue na batida!

Conforme Siqueira (2020a, p. 133):

> Originalmente, o *didgeridoo* é um instrumento tubular escavado em um tronco esguio de madeira, normalmente de eucalipto. Possui um bocal esculpido em cera de abelha. O instrumentista gera um som contínuo, através de respiração circular, que consiste em esvaziar o ar das bochechas ao mesmo tempo que inspira, possibilitando manter o fluxo de ar constante por tempo indefinido. Alterações harmônicas podem ser obtidas por meio de movimentos da língua. É um instrumento tradicional de aborígenes da Oceania.

É comum que se utilize outra nomenclatura para os instrumentos de sopro. Por exemplo, os instrumentos de palhetas batentes são chamados, no ambiente orquestral, de *sopro madeira* – grupo em que se enquadram também as flautas. Da mesma forma, os instrumentos de palheta bocal são chamados de *sopro metal*, ou simplesmente *metais*.

6.1.3 Categorias etárias para formações mistas

No Brasil, existe um movimento bastante atuante no que diz respeito a bandas e fanfarras, havendo diversos grupos, muitos dos quais são vinculados a instituições de ensino. Para organizar esse cenário, em 1995 foi fundada a Confederação Nacional de Bandas e Fanfarras (CNBF). Dentre suas diversas atribuições, a instituição é responsável pelo Campeonato Nacional de Bandas e Fanfarras. O regulamento da 24ª edição do campeonato, editado em 2016, em seu art. 11, determina:

> II – Faixa etária da corporação: Para eventos em 2017:
> a) **Infantil**: Corporações com integrantes nascidos a partir de **1º de janeiro de 2002**;
> b) **Infantojuvenil**: Corporações com integrantes nascidos a partir de **1º de janeiro de 1999**;
> c) **Juvenil**: Corporações com integrantes nascidos a partir de **1º de janeiro de 1996**;
> d) **Sênior**: corporações com integrantes das faixas anteriores, mais aqueles com idade superior; [...]. (CNBF, 2016, p. 3, grifo do original)

Como essa competição é promovida pela CNBF, podemos basear-nos no regulamento indicado na citação anterior para determinar as categorias etárias da seguinte forma:

- **Infantil**: Até 15 anos completados no ano de referência.
- **Infantojuvenil**: Até 18 anos completados no ano de referência.
- **Juvenil**: Até 21 anos completados no ano de referência.
- **Sênior**: Todas as idades, incluindo integrantes com mais de 21 anos.

Para esclarecer, daremos um exemplo: se o integrante tem 15 anos em 2021, mas ainda fará aniversário no mesmo ano, ele deve apresentar-se na categoria infantojuvenil, pois, no ano de referência, 2021, ele completará 16 anos.

O Regulamento do Campeonato Nacional de Bandas e Fanfarras também pode orientar as formações tradicionais dos conjuntos que mencionaremos na próxima seção.

6.2 Bandas de percussão

As formações a seguir, integrantes do movimento de bandas e fanfarras, têm como destaque os instrumentos de percussão.

6.2.1 Banda de percussão

O conjunto de percussão apresentado no capítulo anterior não se enquadra na categoria das bandas de percussão. Nesta seção, estamos referindo-nos à banda de percussão cuja formação tradicional pertence ao movimento de bandas e fanfarras, mencionado anteriormente.

As três categorias a seguir têm em comum o fato de não conter instrumentos da família das palhetas de qualquer tipo.

O Regulamento do XXIV Campeonato Nacional de Bandas e Fanfarras, em seu art. 13, define:

> **Art. 13.** As categorias técnicas são caracterizadas da seguinte forma:
> **I – banda de percussão**, constituída dos seguintes instrumentos:
> a) Bombos, linha de surdos, prato a dois, linha de caixas, tenores, e instrumentos de percussão sem altura definida, sendo obrigatória a utilização de pelo menos 2 (dois) tipos destes instrumentos distintos. (CNBF, 2016, p. 3, grifo do original)

A banda de percussão, ou pelo menos parte dela, serve como base para as outras formações que comentaremos adiante. Por isso, vamos entender um pouco mais sobre os instrumentos que a compõem, observando a Figura 6.1 a seguir.

Figura 6.1 – Instrumentos da banda de percussão

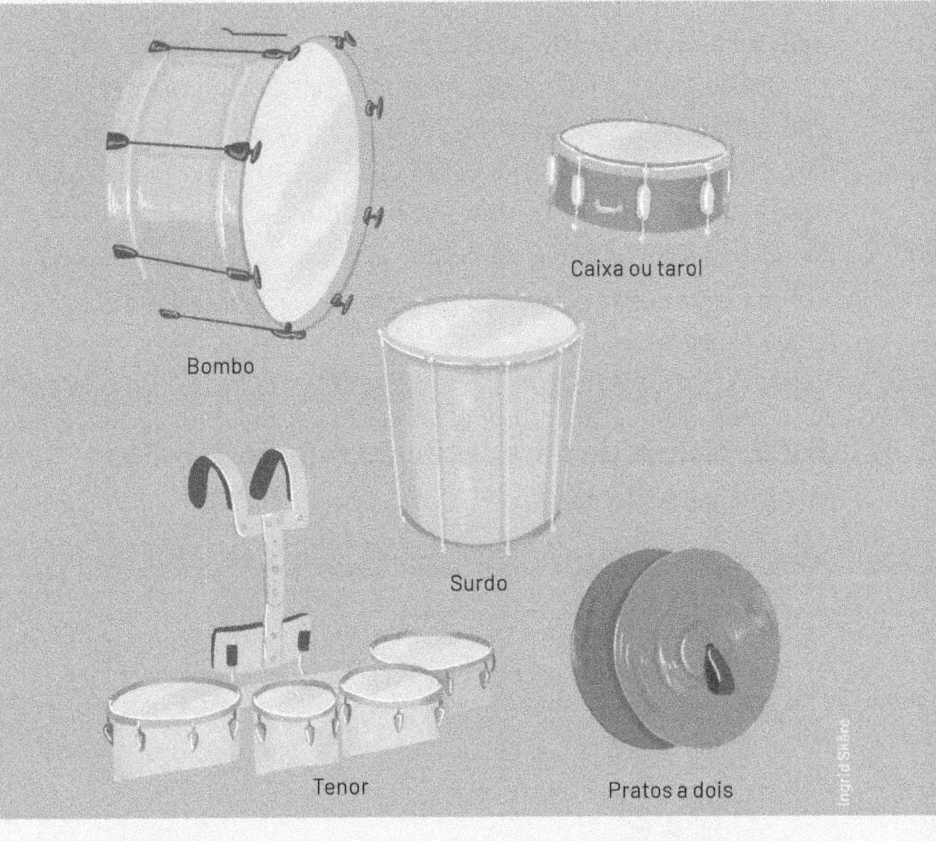

Bombo
Caixa ou tarol
Surdo
Tenor
Pratos a dois

O **bombo** é o maior e mais grave instrumento da banda de percussão. Pendurado aos ombros do percussionista, por meio de alças, ele tem formato semelhante ao surdo que apresentamos em percussão de samba, porém as duas peles ficam na vertical e ambas são percutidas lateralmente por baquetas. A função principal do bombo é marcar o andamento da percussão.

O **surdo** é semelhante ao da escola de samba, porém bem menor, mais agudo e percutido com duas baquetas de madeira.

A **caixa**, ou **tarol**, também é semelhante à do samba.

O **prato a dois** consiste em dois pratos metálicos que são chocados um contra o outro, marcando os acentos da música.

O **tenor** é um conjunto de cinco tambores, às vezes quatro ou seis, de diferentes diâmetros e alturas, com pele em apenas um dos lados e acoplados à cintura de um único percussionista. Sua função é tecer fraseados dentro da base rítmica.

Além desses, a formação de uma banda desse tipo pode contar com outros instrumentos de percussão sem altura definida, como ganzás e chocalhos.

6.2.2 Banda de percussão com instrumentos melódicos simples

O Regulamento do XXIV Campeonato Nacional de Bandas e Fanfarras, em seu art. 13, dispõe:

> **Art. 13.** As categorias técnicas são caracterizadas da seguinte forma: [...]
> **II – banda de percussão com instrumentos melódicos simples**, contendo:
> a) Instrumentos de percussão: bombos, bombos sinfônicos, linha de tambores, linha de pratos, linha de caixas, tenores, instrumentos de percussão sem altura definida, tímpanos.
> b) Instrumentos melódicos: marimbas, campanas tubulares, glockenspiel, vibrafones, liras, xilofones, escaletas, flautas doces, pífaros, gaitas de fole, sendo obrigatória a utilização de pelo menos 05 (cinco) tipos destes instrumentos.

c) A banda deverá ser equilibrada com 50% instrumentos percussivos e 50% instrumentos melódicos. (CNBF, 2016, p. 3, grifo do original)

Essa formação de banda aproveita como base a banda de percussão, com a adição do tímpano – tambor orquestral de grandes dimensões, que pode ser afinado em alturas definidas –, e agrega instrumentos melódicos.

Figura 6.2 – Tímpano

Além dos tímpanos, essa formação apresenta obrigatoriamente pelo menos cinco instrumentos melódicos, entre eles as percussões melódicas, como marimbas, vibrafones e xilofones, e alguns instrumentos de sopro com palheta livre, como escaletas, e de aresta, como flautas doces, pífaros e gaitas de fole.

Há, também, a exigência em relação ao equilíbrio: metade dos instrumentos deve ser de percussão sem altura definida, e a outra metade, composta por instrumentos melódicos.

6.2.3 Banda de percussão sinfônica

O Regulamento do XXIV Campeonato Nacional de Bandas e Fanfarras, em seu art. 13, assinala:

> **Art. 13.** As categorias técnicas são caracterizadas da seguinte forma: [...]
> **III – banda de percussão sinfônica contendo**:
> a) instrumentos de percussão: bombos, bombos sinfônicos, linha de tambores, linha de pratos, linha de caixas, tenores, tímpanos, marimbas, campanas tubulares, glockenspiel, família dos vibrafones, família dos xilofones, liras, celestas e instrumentos de percussão sem altura definida; sendo obrigatória a utilização de pelo menos 08 (oito) tipos destes instrumentos distintos. (CNBF, 2016, p. 3, grifo do original)

Percebe-se que a base da banda de percussão permanece. A ela pode ser inserido o bombo sinfônico, o qual é maior que o já mencionado, portanto, mais grave e necessita de um pedestal para ficar apoiado.

A essa base percussiva são agregados apenas os instrumentos de percussão com altura definida, como marimbas, campanas tubulares, *glockenspiel*, vibrafones, xilofones, liras e celestas.

Conforme a CNBF (2016), uma boa banda de percussão, incluindo as três categorias mencionadas aqui, deve prezar pelos seguintes aspectos: afinação, precisão rítmica, dinâmica, técnica instrumental, equilíbrio, variedade instrumental, regência e escolha do repertório adequado à formação.

6.3 Fanfarras

De acordo com o *Dicionário Grove de música*, a palavra *fanfarra* tem forte ligação com: "Um toque festivo de trombetas, ou outros metais, frequentemente com percussão, para fins cerimoniais. As fanfarras são diferentes dos toques militares, tanto no uso quanto no caráter"(Sadie, 1994, p. 311).

Assim, representando uma tradição que nasceu na França no século XVIII, diversos compositores escreveram músicas com esse nome para ocasiões como coroações, casamentos e outras festividades.

Na atualidade, fanfarra equivale a uma formação composta por instrumentos de sopro e percussão que ainda preserva o caráter festivo em seu repertório. Nas seções a seguir, apresentaremos as categorias em que estas se dividem.

6.3.1 Fanfarra simples tradicional

A CNBF, por meio do Regulamento do XXIV Campeonato Nacional de Bandas e Fanfarras, em seu art. 13, especifica:

> **IV. Fanfarra simples tradicional**, contendo:
> a) Instrumentos melódicos: cornetas, trombones, bombardinos, souzafones e cornetões lisos de qualquer tonalidade, sem utilização de recursos, como gatilho ou vara; sendo obrigatório [sic] a utilização de pelo menos 02 (dois) tipos destes instrumentos distintos;

b) Instrumentos de percussão: bombos, linha de surdos, linha de tambores, linha de pratos, linha de caixas, tenores, liras e instrumentos de percussão sem altura definida; sendo obrigatória a utilização de pelo menos 03 (três) tipos destes instrumentos distintos;

c) Instrumento facultativo: trompa natural. (CNBF, 2016, p. 3, grifo do original)

Essa formação utiliza novamente como base a banda de percussão. Contudo, até mesmo pela ordem em que os instrumentos são apresentados no regulamento, percebe-se que o protagonismo passa a ser dos melódicos.

Na fanfarra simples tradicional, utilizam-se instrumentos de sopro de bocal, ou de palheta bocal, como referimos anteriormente. O souzafone é uma espécie de tuba adaptada para o instrumentista poder caminhar enquanto toca. Por sua vez, o bombardino, também chamado de *eufônio*, é um instrumento grave que pode fazer o papel de baixo nas fanfarras. Entre cornetas e cornetões, a extensão do tubo varia, o que torna tanto os cornetões quanto os trombones (ambos pertencem à mesma família) mais graves do que as cornetas.

Como o regulamento CNBF (2016) afirma, os instrumentos podem ter qualquer afinação. Os de sopro bocal têm uma particularidade: cada um apresenta uma afinação natural, em virtude do comprimento do tubo. O souzafone, por exemplo, pode ser afinado em Mi Bemol ou em Si Bemol – isso não o impede de produzir todas as notas musicais, mas transforma-o em um instrumento transpositor.

Um instrumento afinado em Si Bemol, ao ler uma nota Dó na partitura, toca a sua nota base, ou seja, um Si Bemol. Assim, tudo que está escrito na partitura soa um tom abaixo. Esse fato requer um cuidado especial na escrita dos arranjos: escrever pensando em como soará o instrumento.

6.3.2 Fanfarra simples marcial

A expressão *banda marcial* vem do inglês *marching band*, significando algo como "banda que marcha". O diferencial principal aqui é o fato de se tocar marchando. Vejamos como o Regulamento do XXIV Campeonato Nacional de Bandas e Fanfarras define fanfarra simples marcial:

> **V – Fanfarra simples marcial**, contendo:
> a) Instrumentos melódicos: família dos trompetes naturais, cornetas, cornetões, bombardinos, trombones, souzafones, todos lisos (sem válvulas) de qualquer tonalidade ou formato, e instrumentos de sopro das categorias anteriores sendo facultada a utilização de recursos como gatilhos, sendo obrigatório [sic] a utilização de pelo menos 04 (quatro) tipos destes instrumentos distintos;
> b) Instrumentos de percussão: bombos, bombos sinfônicos, linha de tambores, linha de pratos, linha de caixas, tenores, instrumentos de percussão sem altura definida tímpanos, marimbas, campanas tubulares, glockenspiel, família dos vibrafones, família dos xilofones, liras, sendo obrigatória a utilização de pelo menos 04 (quatro) tipos destes instrumentos distintos;
> c) Instrumento facultativo: trompa natural. (CNBF, 2016, p. 5, grifo do original)

A essa formação se juntam os instrumentos de sopro das categorias anteriores, ou seja, escaletas, flautas doces, pífaros e gaitas de fole.

6.3.3 Fanfarra com um pisto

Segundo a CNBF, por meio do Regulamento do XXIV Campeonato Nacional de Bandas e Fanfarras, no art. 13, a fanfarra com um pisto tem a seguinte composição:

> **VI – Fanfarra com 1 pisto**, contendo:
> a) Instrumentos melódicos característicos: cornetas, cornetões bombardinos, trombones, souzafones agudos e graves com uma válvula de qualquer tonalidade ou formato, e instrumentos de sopro das categorias anteriores; sendo obrigatória a utilização de pelo menos 04 (quatro) tipos destes instrumentos;
> b) Instrumentos de percussão: bombos, bombos sinfônicos, linha de tambores, linha de pratos, linha de caixas, tenores, instrumentos de percussão sem altura definida, tímpanos, marimbas, campanas tubulares, glockenspiel, família dos vibrafones, família dos xilofones, liras, instrumentos de percussão sem altura definida; sendo obrigatória a utilização de pelo menos 04 (quatro) tipos destes instrumentos distintos;
> c) instrumento facultativo: trompa de 01 (uma) válvula (CNBF, 2016, p. 5, grifo do original).

Alguns instrumentos de sopro contam com dispositivos que tornam o comprimento do tubo variável, dois dos quais são mencionados nessa categoria de fanfarra. O pisto é um dispositivo que abre passagem para o ar a um canal diferente do habitual, podendo tornar o tubo mais longo ou mais curto. Já a válvula, ao ser acionada, abre um orifício no tubo, tornando-o mais curto e, consequentemente, mais agudo. Nessa categoria, são permitidos instrumentos com um pisto ou uma válvula. Veja a diferença entre a corneta comum e a com um pisto na Figura 6.3.

Figura 6.3 – Cornetas com e sem pisto

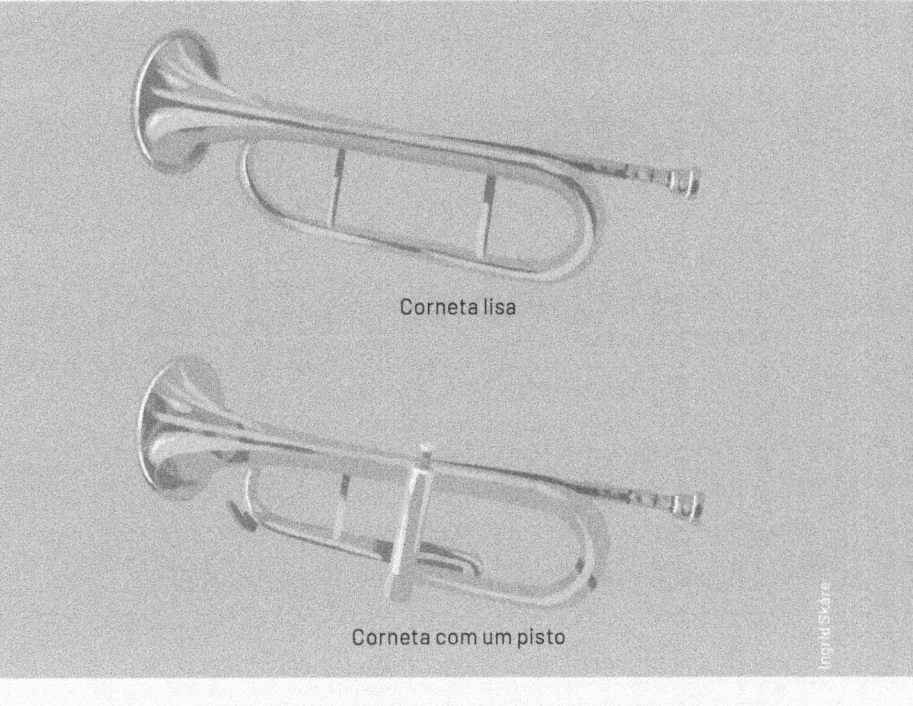

Corneta lisa

Corneta com um pisto

De acordo com a CNBF (2016), a qualidade de uma fanfarra decorre do cuidado com aspectos técnicos, interpretativos e ligados à percussão, como se evidencia nos quesitos de avaliação do XXIV Campeonato Nacional de Bandas e Fanfarras:

I. no aspecto técnico:
   a) Afinação;
   b) Ritmo/precisão rítmica;
   c) Dinâmica;
   d) Articulação;
   e) Equilíbrio.

II. no aspecto da interpretação:
   a) Fraseado;
   b) Expressão;
   c) Regência;
   d) Escolha do repertório.

III. no aspecto da percussão:
   a) Afinação;
   b) Ritmo/precisão rítmica;
   c) Dinâmica;
   d) Técnica instrumental;
   e) Variedade instrumental. (CNBF, 2016, p. 8-9)

Sobre o aspecto *equilíbrio* cabe ressaltar que este diz respeito à quantidade de instrumentos em relação a seu volume, de forma que, no resultado sonoro global, o som de cada um possa ser percebido.

6.4 Banda marcial e banda musical de marcha

As formações de banda marcial e banda musical de marcha, em geral, não diferem muito da formação de fanfarra simples marcial no que respeita à instrumentação e no fato de que todas elas marcham. A principal diferença está no caráter de seus repertórios. Como as bandas marciais têm vínculo com as bandas militares, seu repertório compreende hinos cívicos e outras músicas próprias para a marcha ou adaptadas para esse fim.

A origem da palavra *banda* é controversa e remonta a tradições europeias; algumas correntes associam o termo à palavra *bandeira*. O fato é que "Os bandos eram grupos de pessoas que, no Brasil colônia, com instrumentos de metais e tambor, anunciavam espetáculos, faziam pedidos e proclamavam ordens e decretos" (Pedrosa, 2007, p. 44).

Assim, a tradição de bandas compostas por instrumentos da família dos metais e de percussão inicia-se no Brasil Colônia e permanece presente até os dias atuais. A seguir, apresentaremos duas possibilidades de bandas marciais.

6.4.1 Banda marcial

A formação de banda marcial propriamente dita, definida no Brasil pela CNBF no Regulamento do XXIV Campeonato Nacional de Bandas Fanfarras, é indicada do seguinte modo:

> **VII – Banda marcial**, contendo:
> a) Instrumentos melódicos: família dos trompetes, família dos trombones, família das tubas e saxhorn, e instrumentos de sopro das categorias anteriores sendo obrigatória a utilização de pelo menos 02 (dois) representantes de duas famílias instrumentais;
> b) Instrumentos de percussão: bombos, bombos sinfônicos, linha de tambores, linha de pratos, linha de caixas, tenors, instrumentos de percussão sem altura definida, tímpanos, marimbas, campanas tubulares, glokenspiel, família dos vibrafones,

família dos xilofones, liras, sendo obrigatória a utilização de pelo menos 04 (quatro) tipos destes instrumentos distintos;
c) Instrumentos facultativos: trompas. (CNBF, 2016, p. 5, grifo do original)

Como podemos perceber, não há muita diferença entre a banda marcial e as categorias anteriores. Exceto que, entre os instrumentos de sopro, aparece o *saxhorn*, também conhecido como *saxotrompa*. Esse instrumento, da família dos de sopro bocal ou metais, tem formato semelhante ao da tuba orquestral. Se estabelecermos uma ordem do maior para o menor, ou do mais grave para o mais agudo, teremos: tuba, bombardino e *saxhorn* (Figura 6.4).

Figura 6.4 – Família das tubas

Tuba   Bombardino   *Saxhorn*

6.4.2 Banda musical de marcha

Com relação à banda musical de marcha, por meio do Regulamento do XXIV Campeonato Nacional de Bandas Fanfarras, no art. 13, a CNBF dispõe o seguinte:

> **VIII - Banda musical de marcha**, contendo instrumentos de madeira, metais e percussão:
> a) Instrumentos melódicos: família das flautas transversais; família dos clarinetes; família dos saxofones e instrumentos de sopro das categorias anteriores; sendo obrigatória a utilização de pelo menos 05 (cinco) instrumentos de famílias diferentes;
> b) Instrumentos de percussão: bombos, bombos sinfônicos, linha de tambores, linha de pratos, linha de caixas, tenors, tímpanos, marimbas, campanas tubulares, glokenspiel, família dos vibrafones, família dos xilofones, liras, instrumentos de percussão sem altura definida; sendo obrigatória a utilização de pelo menos 05 (cinco) tipos destes instrumentos distintos;
> c) Instrumentos facultativos: oboé, fagote, contrafagote, trompa, contrabaixo acústico, celesta. (CNBF, 2016, p. 5-6, grifo do original)

Na categoria de banda musical de marcha, são incluídos instrumentos de sopro da família das madeiras, como as flautas transversais, os clarinetes, os saxofones, além dos facultativos: oboé, fagote e contrafagote. Veja esses instrumentos na Figura 6.5.

Figura 6.5 – Família das madeiras

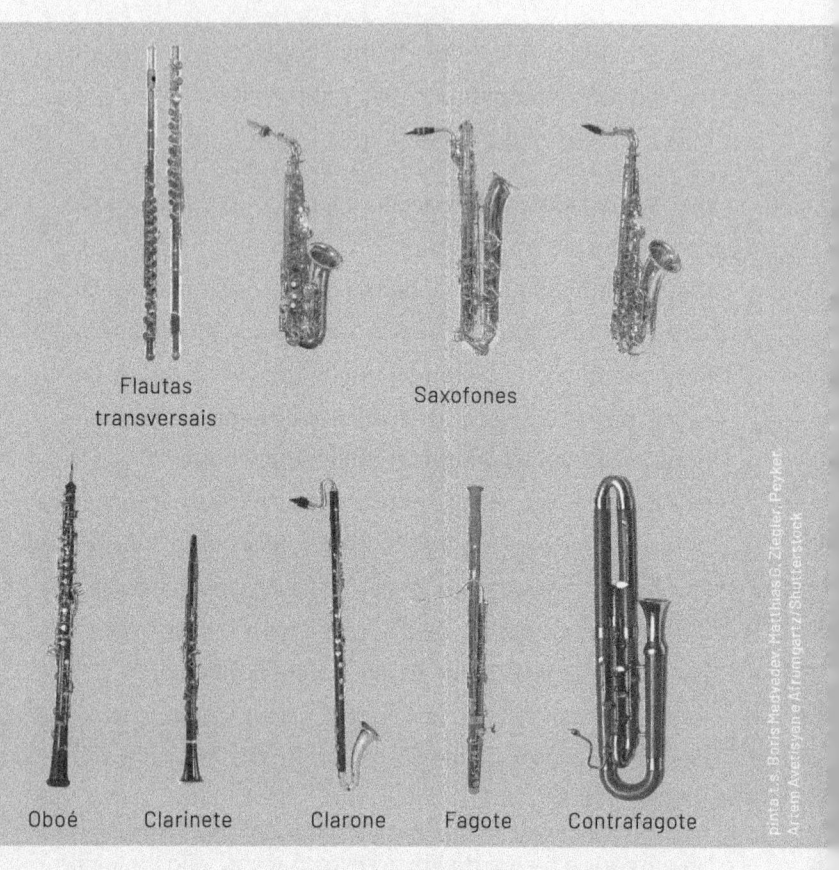

Flautas transversais   Saxofones

Oboé   Clarinete   Clarone   Fagote   Contrafagote

O regulamento da CNBF também faculta a essa formação, pela primeira vez entre todas as outras, o uso de um instrumento de cordas, o mais grave da família dos violinos: o contrabaixo. Também é possível utilizar a celesta, uma espécie metalofone em que as placas de metal são percutidas por meio de um sistema de teclado e martelos semelhante ao do piano. Ambos são instrumentos de pouca mobilidade; por isso, têm seu uso restrito à parte da apresentação em que a banda fica parada.

Para além de todo o aparato sonoro, as formações marciais contam com personagens tradicionalmente importantes. O art. 7º do Regulamento do XXIV Campeonato Nacional de Bandas Fanfarras chama de *corporação* a formação completa de um grupo e estabelece os seguintes participantes: "Estandarte, Pelotão de Bandeiras, Corpo Coreográfico, Corpo Musical, Baliza, Regente, Mor ou Comandante" (CNBF, 2016, p. 2).

O estandarte, ou bandeira da corporação, é carregado por um integrante, abrindo a marcha. Em seguida vem o pelotão, carregando as demais bandeiras representativas da instituição, como as municipais, as distritais, as estaduais e a nacional. O corpo coreográfico vem na sequência, com sua coreografia inspirada na música e fazendo uso, ou não, de adereços, como panos, bandeiras, bastões e chapéus. Só então entra o corpo musical, que detalhamos até este ponto do texto.

A baliza, geralmente delegada a uma dançarina que realiza movimentos acrobáticos e rítmicos sustentando um bastão de baliza, tem a função cativar o público que está assistindo à apresentação da corporação.

O mor, ou comandante, tem origem nas bandas militares. Sua missão é conduzir a banda durante o deslocamento dela, determinando a velocidade da marcha e, consequentemente, o andamento da música. Para isso, utiliza um bastão de modo a ser visto por todos os membros da banda.

Em concursos, e em alguns eventos, o mor conduz a banda até o local em que ela se colocará em formação fixa de meia-lua. Ali, ele passa o comando para o regente, ou maestro, que irá dirigir a apresentação estática da banda.

As formações marciais, portanto, oferecem oportunidades para que os integrantes participem não só tocando um instrumento, mas também se expressando por meio da dança, ocupando posições dentro do pelotão de bandeiras, do corpo coreográfico, ou mesmo como estandarte e baliza.

6.5 Banda musical de concerto e banda sinfônica

A partir das formações instrumentais vistas nas categorias anteriores, é possível transportar as bandas que marcham para outros locais de apresentação, como teatros, por exemplo. Assim, surgem as bandas musicais de concerto e as sinfônicas.

6.5.1 Banda musical de concerto

De acordo com a CNBF, por meio do Regulamento do XXIV Campeonato Nacional de Bandas Fanfarras, uma banda musical de concerto tem a seguinte composição:

> **IX – Banda musical de concerto**, contendo:
> a) Instrumentos melódicos: família das flautas transversais; família dos clarinetes; família dos saxofones, trompas e instrumentos de sopro das categorias anteriores; sendo obrigatória a utilização de pelo menos 8 (oito) instrumentos de famílias diferentes, dentre eles flautas transversais, clarinetas, saxofones e de palheta dupla;

b) Instrumentos de percussão: bombos, bombos sinfônicos, linha de tambores, linha de pratos, linha de caixas, tenors, tímpanos, marimbas, campanas tubulares, glokenspiel, família dos vibrafones, família dos xilofones, liras, instrumentos de percussão sem altura definida; sendo obrigatória a utilização de pelo menos 05 (cinco) tipos destes instrumentos distintos;
c) Instrumentos facultativos: instrumentos de palheta dupla. (CNBF, 2016, p. 6, grifo do original)

O termo *palheta dupla* aparece pela primeira vez nesse regulamento de 2016 e se refere a instrumentos como o fagote e o oboé, que têm duas palhetas vibrando uma contra a outra.

6.5.2 Banda sinfônica

O Regulamento do XXIV Campeonato Nacional de Bandas e Fanfarras também define os instrumentos que fazem parte da formação da banda sinfônica:

> **X – Banda sinfônica**, O Regente poderá usar todos e quaisquer instrumentos que julgue necessário [sic] para a execução da sua peça musical, excluindo os instrumentos elétricos. (CNBF, 2016, p. 4)

Logo, é nessa categoria que todos os instrumentos disponíveis podem entrar, incluindo pianos, os da família dos violinos, entre outros que não tenham sido mencionados até aqui.

A atmosfera de competição presente no movimento de bandas e fanfarras no Brasil é muito salutar para envolver os participantes, despertando neles motivação pelas práticas musicais. Além disso, é uma prática democrática no sentido de abarcar quase todos os tipos de instrumentos musicais e ainda possibilitar a participação de outros integrantes que queiram se expressar de variadas maneiras, com uma dança, por exemplo.

▷▷ Resumo da ópera

Neste capítulo, tratamos de conjuntos mistos e iniciamos apresentando algumas particularidades de vozes e instrumentos.

No que concerne às vozes, salientamos que durante a infância as vozes de meninos e meninas têm extensão semelhante, o que acaba limitando os arranjos a duas ou três vozes no máximo: soprano e contralto, ou soprano, *mezzo* e contralto. Também mencionamos que a questão do equilíbrio com os instrumentos, em grupos mistos, pode demandar o uso de microfones e sistemas de amplificação para as vozes.

No que diz respeito aos instrumentos, esclarecemos como é a categoria de sopro, especificando aqueles de palhetas livres, de palhetas batentes e de palheta bocal. Concluímos pontuando que o grupo das palhetas batentes também é chamado de *madeiras* e o das palhetas bocal, de *metais*.

A propósito das categorias por faixa etária, apoiamo-nos no Regulamento do XXIV Campeonato Nacional de Bandas e Fanfarras da CNBF. Assim, definimos as seguintes categorias: infantil, até 15 anos; infantojuvenil, até 18 anos; juvenil, até 21 anos; e sênior, de qualquer idade.

Também utilizamos o mesmo regulamento para definir as categorias de bandas e fanfarras. Inicialmente, abordamos as bandas cujo protagonismo fica na percussão. Em seguida, detalhamos as fanfarras simples tradicional, simples marcial e com um pisto. Além disso, comentamos a banda marcial e a banda musical de marcha. Encerramos apresentando a banda musical de concerto e a sinfônica. Em todas essas categorias, identificamos a composição de instrumentos, caracterizando-os e trazendo informações pertinentes para arranjo.

Teste de som

1. Considerando que, durante a infância, as meninas e os meninos têm extensão vocal semelhante, para essa faixa etária, qual formação a três vozes é possível?
   a) Soprano, contralto e tenor.
   b) Tenor, barítono e baixo.
   c) Soprano, contralto e barítono.
   d) *Mezzo*, contralto e tenor.
   e) Soprano, *mezzo* e contralto.

2. Quais são os outros nomes que recebem as famílias dos instrumentos de sopro de palheta batente e dos de palheta bocal, respectivamente?
   a) Transpositores e metais.
   b) Metais e naipes.
   c) Madeiras e naipes.
   d) Madeiras e metais.
   e) Naipes e transpositores.

3. Qual é a sequência das categorias etárias dos conjuntos mistos, dos mais novos para os mais velhos?
   a) Infantil, infantojuvenil, juvenil e sênior.
   b) Infantil, juvenil, infantojuvenil e sênior.
   c) Infantil, juvenil, júnior e adulto.
   d) Infantil, infantojuvenil, juvenil e adulto.
   e) Infantil, juvenil, júnior e máster.

4. Qual é a função da baliza na banda marcial?
   a) Determinar o ritmo da marcha.
   b) Reger o corpo musical durante a marcha.
   c) Entreter os músicos da corporação.
   d) Cativar o público.
   e) Demonstrar elasticidade e agilidade.

5. Qual é nome da seção da banda marcial em que se localizam os músicos?
   a) Corpo coreográfico.
   b) Corpo musical.
   c) Estandarte.
   d) Pelotão de bandeiras.
   e) Banda orquestral.

Treinando o repertório

Pensando na letra

1. Assista a um vídeo de uma banda marcial ou fanfarra escolar e, depois, de uma banda militar. Quais as semelhanças e as diferenças que você pôde detectar?

2. Qual é o repertório que uma banda sinfônica pode tocar? Procure vídeos da Banda da Polícia Militar de algum dos estados brasileiros e tire suas conclusões.

Som na caixa

1. Imagine que você é um jurado de um concurso de fanfarras. Acesse o Regulamento do XXIV Campeonato Nacional de Bandas e Fanfarras (CNBF, 2016), procure pelos critérios de avaliação dessa formação. Faça uma planilha com esses critérios e reserve uma coluna para inserir as notas. Escolha um vídeo de uma apresentação de fanfarra e avalie-a de acordo com os critérios anotados. Se você escolher mais de um grupo, pode escolher o campeão de seu próprio concurso.

CNBF – Confederação Nacional de Bandas e Fanfarras. **Regulamento do XXIV Campeonato Nacional de Bandas e Fanfarras**. Lorena-SP, 2016. Disponível em: <http://www.cnbf.org.br/portal/downloads/REGULAMENTO%20CAMPEONATO%20NACIONAL%202017%20-%20REVISADA.pdf?fbclid=IwAR2z4Unf_CeRPqsluUKIYIOltHIurLYuSj0N012FA6X_dygm9_5rV1b_EyQ>. Acesso em: 15 out. 2020.

FECHAM-SE AS CORTINAS

Percorremos um caminho neste livro, pensado para auxiliar professores, músicos e demais interessados na condução e na montagem de conjuntos musicais escolares. Esse percurso começou com a caracterização e o entendimento do papel da música no ambiente escolar, do ponto de vista histórico e na atualidade. Passamos por formas de organizar os grupos musicais; aspectos técnicos pertinentes às diversas formações; questões específicas referentes a tipos particulares de conjunto; informações sobre estruturação de ensaios, organização de materiais, manutenção de instrumentos musicais, entre outros assuntos.

Todas essas informações serão de grande valia para você, quando se dispuser a montar um conjunto musical. Entretanto, como grande parte das informações aqui contidas decorrem da experiência do autor com práticas em conjunto, a formação de um bom condutor deve ser, obviamente, prática. Por isso, recomendamos a você que, ao aprender um instrumento musical, logo procure formas de agregá-lo a uma prática em conjunto. Reúna colegas, amigos, acompanhe cantores e instrumentistas, enfim, aproveite toda e qualquer oportunidade de fazer música com outras pessoas. Assim que puder, dentro dessas práticas, exerça papel de dirigente. Há muito conteúdo sobre liderança em livros, mas nada substituirá sua prática para formar um líder.

Portanto, se você deseja ser um regente de coral, primeiro procure um coral para cantar, depois se torne um líder de naipe, um auxiliar de regente. Assim, você aprenderá sobre o dia a dia de um coral e sobre como o liderar. Isso também vale para as outras formações musicais.

No campo dos conhecimentos teóricos, este livro é um bom ponto de partida. Contudo, para cada formação musical, o dirigente de uma prática de conjunto terá que se aprofundar em assuntos específicos. Para todas as formações musicais, é essencial que o condutor da prática tenha conhecimento teórico musical suficiente para buscar repertório em partituras, saber transmitir esse conhecimento aos integrantes, adaptar os arranjos encontrados às possibilidades do grupo e criar composições e arranjos próprios para a prática do conjunto.

É natural que um diretor de um grupo de violões saiba tocar violão e que, preferencialmente, domine o instrumento mais do que os alunos. Um maestro de uma banda marcial precisa conhecer e tocar instrumentos de sopro e de percussão. Um regente de coral precisa entender de canto e ter a capacidade de exemplificar com a própria voz a qualidade da emissão vocal que deseja dos cantores.

Todos os regentes precisam de conhecimentos adicionais. Além de dominar a leitura e a escrita musical, é preciso entender de harmonia, contraponto, arranjo musical. Todos esses conhecimentos elevam a atuação do regente a um nível mais completo.

Algumas atividades de práticas em conjuntos musicais podem ser de pouco investimento, como os corais, mas outras, como as bandas marciais, necessitam de diversos instrumentos, muitos deles de alto custo, além de uniformes e outros acessórios. Nesses casos, surge uma preocupação com a busca por recursos financeiros para realizar o projeto. Algumas instituições mais afortunadas têm recursos próprios para investir nessas atividades. Mas, na maioria das vezes, os recursos precisam vir de fora, tornando essa prospecção de fundos um dos desafios mais imponentes para implantação de um projeto de práticas de conjunto na esfera escolar.

No Brasil, um dos caminhos que se tem tomado é o do patrocínio a partir da renúncia fiscal. Leis como a Lei Rouanet (Lei n. 8.313, de 23 de dezembro de 1991 – Brasil, 1991), por exemplo, permitem que uma empresa destine um percentual do imposto devido para o financiamento de projetos culturais pré-aprovados por uma comissão instituída pelo ente público. É dessa forma que muitos grupos têm subsistido, sobretudo aqueles que representam um município, um distrito ou até um estado.

A busca de recursos não foi objeto deste livro, mas é um fator relevante para viabilização de diversas práticas aqui comentadas. Por essa razão, quem deseja implantar projetos dessa natureza deve informar-se nas esferas municipais, estaduais e federais sobre essas possibilidades de mecenato – nome dado a programas similares à Lei Rouanet –, além dos editais referentes a Fundos de Cultura, isto é, verbas reservadas pelo Poder Público e destinadas apenas para aplicação em projetos culturais.

Por fim, saiba que promover uma prática em conjunto em ambiente escolar é muito mais do que fazer música para outros ouvirem. A prática musical pode mudar vidas, resgatar muitas crianças de um ambiente hostil, trazer-lhes um sentimento de realização que em outras áreas tenham dificuldade de alcançar, ensinar-lhes outras maneiras de perceber a vida, fazê-las desenvolver novas sinapses, além de desenvolver, por meio da prática musical, a habilidade de conviver em sociedade.

LISTA DE SIGLAS E REDUÇÕES

Abem	Associação Brasileira de Educação Musical
Abramus	Associação Brasileira de Música e Artes
Alma	Academia Livre de Música e Artes
aum	Aumentada
BNCC	Base Nacional Comum Curricular
CMPB	Conservatório de Música Popular Brasileira
CNBF	Confederação Nacional de Bandas e Fanfarras
cresc.	Crescendo
decresc.	Decrescendo
dim	Diminuta
dim.	Diminuendo
IMMuB	Instituto Memória Musical Brasileira
LDB	Lei de Diretrizes e Bases da Educação
MPB	Música Popular Brasileira
PA	Public address system ("destinado ao público")
PM	Perfeita Maior
Pm	Perfeita menor
Sema	Superintendência de Educação Musical e Artística

u.c.	Unidade de compasso
u.t.	Unidade de tempo
UNE	União Nacional dos Estudantes

REPERTÓRIO

A FAMÍLIA Addams. Direção: Barry Sonnenfeld. EUA: Sony Pictures, 1991. 99 min.

ABRAMUS – Associação Brasileira de Música e Artes. **Portal Abramus**. 2020 *copyright*. Disponível em: <https://www.abramus.org.br/musica/portal-abramus>. Acesso em: 20 out. 2020.

ACERVO DIGITAL CHIQUINHA GONZAGA. **Lua branca**: modinha, da burleta de costumes cariocas Forrobodó. Disponível em: <http://www.chiquinhagonzaga.com/acervo/?musica=lua-branca>. Acesso em: 20 out. 2020.

ALMA – Academia Livre de Música e Artes. **Alma resgata romantismo em concerto gratuito**. Ribeirão Preto, SP, 20 abr. 2017. Disponível em: <http://www.almarp.com.br/novidade/alma-resgata-romantismo-em-concerto-gratuito>. Acesso em: 19 out. 2020.

ALMADA, C. **Arranjo**. Campinas: Ed. da Unicamp, 2000.

AMATO, R. de C. F. Breve retrospectiva histórica e desafios do ensino de música na educação básica brasileira. **Revista Opus**, n. 12, p. 144-165, 2006. Disponível em: <https://www.anppom.com.br/revista/index.php/opus/article/view/319/298>. Acesso em: 16 out. 2019.

ATAÍDE, S. O. M. **Melhoria da qualidade de vida através do canto coral**. 54 f. Monografia (Especialização em Arteterapia em Educação e Saúde) - Universidade Cândido Mendes, Rio de Janeiro, 2010.

BASTIÃO, Z. A. Prática de conjunto instrumental na educação básica. **Música na Educação Básica**, Londrina, v. 4, n. 4, p. 58-69, nov. 2012. Disponível em: <http://abemeducacaomusical.com.br/revista_musica/ed4/pdfs/RevistaMeb4_pratica.pdf>. Acesso em: 16 out. 2020.

BEETHOVEN, L. v. **Quartet No. 4 in C Minor - Opus 18 No. 4**. Menuetto. Allegretto. [S. l.]: MutopiaProject, 2006. 5 p. Dois violinos, viola, violoncelo. Disponível em: <https://www.mutopiaproject.org/ftp/BeethovenLv/O18/QuartetOpus18_No4_3/QuartetOpus18_No4_3-a4.pdf>. Acesso em: 21 out. 2020.

BELLOCHIO, C. R. Formação de professores de música: desafios éticos e humanos para pensar possibilidades e inovações. **Revista da ABEM**, Londrina, v. 24, n. 36, p. 8-22, jan./jun. 2016. Disponível em: <http://www.abemeducacaomusical.com.br/revistas/revistaABEM/index.php/revistaabem/article/viewFile/595/461>. Acesso em: 16 out. 2020.

BIA & NINO. Disponível em: <https://www.youtube.com/channel/UCerEuo5beXIb—qBaiDhSQA>. Acesso em: 20 out. 2020.

BORTOLOTI, K. F. da S. O *Ratio Studiorum* e a missão no Brasil. **Revista História Hoje**, São Paulo, v. 1, n. 2, p. 1-21, 2003. Disponível em: <https://www.anpuh.org/revistahistoria/view?ID_REVISTA_HISTORIA=3>. Acesso em: 16 out. 2020.

BRASIL. Constituição (1988). **Diário Oficial da União**, Brasília, DF, 5 out. 1988. Disponível em: <http://www.planalto.gov.br/ccivil_03/constituicao/constituicao.htm>. Acesso em: 16 out. 2020.

BRASIL. Decreto n. 981, de 8 de novembro de 1890. **Coleção de Leis do Império do Brasil**, Poder Executivo, 1890. Disponível em: <https://www2.camara.leg.br/legin/fed/decret/1824-1899/decreto-981-8-novembro-1890-515376-publicacaooriginal-1-pe.html>. Acesso em: 16 out. 2020.

BRASIL. Decreto n. 1.331-A, de 17 de fevereiro de 1854. **Coleção de Leis do Império do Brasil**, Poder Executivo, 1854. Disponível em: <https://www2.camara.leg.br/legin/fed/decret/1824-1899/decreto-1331-a-17-fevereiro-1854-590146-publicacaooriginal-115292-pe.html>. Acesso em: 16 out. 2020.

BRASIL. Lei n. 4.024, de 20 de dezembro de 1961. **Diário Oficial da União**, Poder Legislativo, 27 dez. 1961. Disponível em: <http://www.planalto.gov.br/ccivil_03/leis/L4024.htm>. Acesso em: 16 out. 2020.

BRASIL. Lei n. 5.692, de 11 de agosto de 1971. **Diário Oficial da União**, Poder Legislativo, Brasília, DF, 12 ago. 1971. Disponível em: <http://www.planalto.gov.br/ccivil_03/leis/l5692.htm>. Acesso em: 16 out. 2020.

BRASIL. Lei n. 8.313, de 23 de dezembro de 1991. **Diário Oficial da União**, Poder Executivo, Brasília, 24 dez. 1991. Disponível em: <http://www.planalto.gov.br/ccivil_03/leis/L8313cons.htm>. Acesso em: 21 out. 2020.

BRASIL. Lei n. 9.394, de 20 de dezembro de 1996. **Diário Oficial da União**, Poder Legislativo, Brasília, DF, 23 dez. 1996. Disponível em: <http://www.planalto.gov.br/ccivil_03/LEIS/l9394.htm>. Acesso em: 16 out. 2020.

BRASIL. Lei n. 9.610, de 19 de fevereiro de 1998. **Diário Oficial da União**, Poder Legislativo, Brasília, DF, 20 fev. 1998. Disponível em: <http://www.planalto.gov.br/ccivil_03/leis/l9610.htm>. Acesso em: 20 out. 2020.

BRASIL. Lei n. 11.769, de 18 de agosto de 2008 – Veto. **Diário Oficial da União**, Poder Legislativo, Brasília, DF, 19 ago. 2008. Disponível em: <https://www2.camara.leg.br/legin/fed/lei/2008/lei-11769-18-agosto-2008-579455-veto-102350-pl.html>. Acesso em: 16 out. 2020.

BRASIL. Ministério da Educação. Secretaria de Educação Básica. **Base Nacional Comum Curricular**: educação é a base. Brasília, 2017. Disponível em: <http://basenacionalcomum.mec.gov.br/images/BNCC_EI_EF_110518_versaofinal_site.pdf>. Acesso em: 16 out. 2020.

BRASIL. Ministério do Trabalho. Portaria n. 9.610, de 19 de fevereiro de 1998. **Diário Oficial da União**, Poder Legislativo, Brasília, DF, 20 fev. 1998. Disponível em: <http://www.planalto.gov.br/ccivil_03/leis/l9610.htm>. Acesso em: 23 mar. 2020.

BRASIL. **Portal domínio público**. Disponível em: <http://www.dominiopublico.gov.br>. Acesso em: 20 out. 2020.

CEIA, C. **E-Dicionário de termos literários**. Disponível em: <https://edtl.fcsh.unl.pt>. Acesso em: 19 out. 2020.

CNBF – Confederação Nacional de Bandas e Fanfarras. **Regulamento do XXIV Campeonato Nacional de Bandas e Fanfarras**. Lorena, SP, 2016. Disponível em: <http://www.cnbf.org.br/portal/downloads/REGULAMENTO%20CAMPEONATO%20NACIONAL%202017%20-%20REVISADA.pdf?fbclid=IwAR2z4Unf_CeRPqsluUKIYIOItHlurLYuSj0N012FA6X_dygm9_5rV1b_EyQ>. Acesso em: 15 out. 2020.

DINIZ, E. **Chiquinha Gonzaga**: uma história de vida. 11. ed. Rio de Janeiro: Rosa dos Tempos, 2005.

GRUPO BATUQUEIROS. **Batuqueiros**. Disponível em: <https://www.grupobatuqueiros.com.br/batuqueiros>. Acesso em: 21 out. 2020.

HOLLER, M. A música na atuação dos jesuítas na América Portuguesa. In: XV CONGRESSO ASSOCIAÇÃO NACIONAL DE PESQUISA E PÓS-GRADUAÇÃO EM MÚSICA, 15., 2005, Rio de Janeiro. **Anais**... Disponível em: <https://antigo.anppom.com.br/anais/anaiscongresso_anppom_2005/sessao19/marcos_holler.pdf>. Acesso em: 16 out. 2020.

JANOTTI JUNIOR, J. Música popular massiva e gêneros musicais: produção e consumo da canção na mídia. **Comunicação, mídia e consumo**, São Paulo, v. 3, n. 7, p. 31- 47, jul. 2006. Disponível em: <http://revistacmc.espm.br/index.php/revistacmc/article/view/69/70>. Acesso em: 29 out. 2020.

KARNAL, L. A vida do som e o som da vida. **Estado de S. Paulo**, 21 jun. 2017. Disponível em: <https://cultura.estadao.com.br/noticias/geral,a-vida-do-som-e-o-som-da-vida,70001851816>. Acesso em: 19 out. 2020.

KNIGHT, R. C. **The Knight Revision of Hornbostel-Sachs**: a New Look at Musical Instrument Classification. Oberlin College Conservatory of Music, 2015, rev. 2017. Disponível em: <https://www2.oberlin.edu/faculty/rknight/Organology/KnightRev2015.pdf>. Acesso em: 20 out. 2020.

MAMMI, L. **Carlos Gomes**. São Paulo: Publifolha, 2001. (Coleção Folha Explica).

MÁXIMO, J.; DIDIER, C. **Noel Rosa**: uma bibliografia. Brasília: Editora UnB, 1990.

PALAVRA CANTADA. Disponível em: <https://www.youtube.com/user/palavracantadatube>. Acesso em: 20 maio 2020.

PEDERIVA, P. L. M.; TRISTÃO, R. M. Música e cognição. **Ciências e Cognição**, Rio de Janeiro, v. 9, p. 83-90, nov. 2006. Disponível em: <http://www.cienciasecognicao.org/revista/index.php/cec/article/view/601/383>. Acesso em: 16 out. 2020.

PEDROSA, S. M. P. de A. **Jovens de fanfarra**: memórias e representações. Tese (Doutorado em Educação) – Pontifícia Universidade Católica do Rio de Janeiro, Rio de Janeiro, 2007. Disponível em: <https://www.maxwell.vrac.puc-rio.br/colecao.php?strSecao=resultado&nrSeq=10955@1>. Acesso em: 21 out. 2020.

PEIXOTO, L.; BETTENCOURT, C. Forrobodó. **Revista de Teatro**, v. 73, n. 322, p. 1-14, jul./ago. 1961. Disponível em: <http://www.chiquinhagonzaga.com/musica/revista_de_teatro_forrobodo.pdf>. Acesso em: 20 out. 2020.

PENA, R. F. A. O que é cidadania? **Brasil Escola**. Disponível em: <https://brasilescola.uol.com.br/o-que-e/geografia/o-que-e-cidadania.htm>. Acesso em: 16 out. 2020.

ROSA, N.; VADICO. Feitiço da vila. **Superpartituras**, 2014. 2 p. Transcrição de Marcos Trindade. Piano e teclado. Disponível em: <https://www.superpartituras.com.br/noel-rosa/feitico-da-vila>. Acesso em: 20 out. 2020.

SADIE, S. (Ed.). **Dicionário Grove de música**: edição concisa. Tradução de Eduardo Francisco Alves. Rio de Janeiro: J. Zahar, 1994.

SIQUEIRA, A. **Acústica**. Curitiba: InterSaberes, 2020a.

SIQUEIRA, A. **Bayaka**: uma experiência musical intercultural. 163 f. Dissertação (Mestrado em Música) – Universidade Federal do Paraná, Curitiba, 2013. Disponível em: <https://acervodigital.ufpr.br/handle/1884/30232>. Acesso em: 20 out. 2020.

SIQUEIRA, A. **Leitura e escrita musical**. Curitiba: InterSaberes, 2020b.

SLOBODA, J. A. **A mente musical**: psicologia cognitiva da música. Tradução de Beatriz Ilari e Rodolfo Ilari. Londrina: Eduel, 2008.

TOURINHO, I. "Atirei o pau no gato, mas o gato não morreu..." divertimento sobre estágio supervisionado. **Revista da ABEM**, v. 2, n. 2, p. 35-52, 1995. Disponível em: <http://www.abemeducacaomusical.com.br/revistas/revistaabem/index.php/revistaabem/article/view/498/408>. Acesso em: 29 out. 2020.

UFPR – Universidade Federal do Paraná. **Curso Superior de Tecnologia em Luteria**. Disponível em: <http://www.luteria.ufpr.br/portal>. Acesso em: 21 out. 2020.

VIANNA, H.; BALDAN, E. **Música do Brasil**. São Paulo: Ed. Abril, 2000.

VIGNA-MARÚ, C. **Isabel**. São Paulo: Cortez, 2011.

VILLA-LOBOS, H. Rosa amarela. **Consonante.org**, 2016. 1 p. Disponível em: <http://comsonante.org/sites/default/files/rosa-amarela_L.pdf>. Acesso em: 20 out. 2020.

VIRGÍLIO, P. Antiga residência da princesa Isabel, Palácio Guanabara pode ser aberto à visitação este ano. **Agência Brasil**, 13 maio 2011. Disponível em: <http://memoria.ebc.com.br/agenciabrasil/noticia/2011-05-13/antiga-residencia-da-princesa-isabel-palacio-guanabara-pode-ser-aberto-visitacao-este-ano>. Acesso em: 20 out. 2020.

OBRAS COMENTADAS

MED, B. **Teoria da música**. 4. ed. rev. e ampl. Brasília: Musimed, 1996.

> Esse livro é referência para consultas relacionadas à teoria musical. Muitas dúvidas podem ser sanadas de forma simples, objetiva e completa pela leitura desse material. É o chamado *livro de cabeceira* do estudante de Música.

ALMADA, C. **Arranjo**. Campinas: Ed. da Unicamp, 2000.

> Essa obra reúne diversas informações importantes para quem deseja se aventurar na área de arranjo. Nesse escrito, o estudante encontra um bom conteúdo teórico para a escrita de arranjos aliado a informações relevantes também para a prática musical.

CNBF – Confederação Nacional de Bandas e Fanfarras. **Regulamento do XXIV Campeonato Nacional de Bandas e Fanfarras**. Lorena-SP, 2016. Disponível em: <http://www.cnbf.org.br/portal/downloads/REGULAMENTO%20CAMPEONATO%20NACIONAL%202017%20-%20REVISADA.pdf>. Acesso em: 15 out. 2020.

Esse regulamento estabelece todas as normas para a constituição de grupos de fanfarra e bandas marciais. Trata-se de material imprescindível para quem pretende desenvolver projetos do gênero, pois fundar um grupo baseado nos critérios apresentados nesse documento pode significar sucesso em competições.

BRASIL. **Portal Domínio Público**. Disponível em: <http://www.dominiopublico.gov.br>. Acesso em: 15 out. 2020.

Fonte para obtenção de repertório de domínio público. Contendo compositores nacionais e estrangeiros, a seleção de músicas dessa biblioteca oferece segurança em relação a problemas com direitos autorais.

RESPOSTAS

Capítulo 1

Teste de som

1. c
2. e
3. b
4. e
5. a

Capítulo 2

Teste de som

1. c
2. d
3. b
4. d
5. a

Capítulo 3

Teste de som

1. b
2. d
3. c
4. e
5. a

Capítulo 4

Teste de som

1. c
2. d
3. b
4. a
5. e

Capítulo 5

Teste de som

1. a
2. b
3. e
4. c
5. c

Capítulo 6

Teste de som

1. e
2. d
3. a
4. d
5. b

SOBRE O AUTOR

Alysson Siqueira teve sua primeira graduação em Engenharia Civil, em 1999. Mais tarde, direcionou seus estudos para a área musical, concluindo, em 2010, o curso de Bacharelado em Música pela Faculdade de Artes do Paraná (FAP), que, atualmente, faz parte da Universidade Estadual do Paraná (Unespar). Na mesma instituição, especializou-se em Música Popular Brasileira. Em 2013, obteve o título de Mestre em Música, na linha de pesquisa de Etnomusicologia, pela Universidade Federal do Paraná (UFPR). Foi professor colaborador do curso de Licenciatura em Música da Universidade Estadual de Ponta Grossa (UEPG) e ministrou aulas nos módulos de Canto Coral e Etnomusicologia no Programa de Segunda Licenciatura em Música da UFPR. Desde 2018, atua como conteudista para o Centro Universitário Internacional Uninter, no qual ingressou como professor-tutor do curso de Licenciatura em Música, em julho de 2019. Além da esfera acadêmica, atua como cantor, violonista, compositor, produtor musical e professor de canto e violão. Foi integrante de diversos grupos musicais como bandas, grupos vocais, corais, nos quais atuou como regente, arranjador e diretor musical. Dedica-se também a produção de trilha sonora para o teatro e cinema, e é professor de canto e violão em escolas de música e projetos sociais.